上海市交通工程学会现代交通科普丛书

聪明车　智慧路
——未来交通畅想

蒋应红　方雪丽　编著

同济大学出版社
TONGJI UNIVERSITY PRESS
·上海·

编委会

主　　编： 蒋应红

副 主 编： 方雪丽　王　蓓

编写组成员（按姓氏拼音排列）：

戴　禾　范宇杰　关士托　王　杉

于　尧　余　欢　张铁群　朱兆书

编 写 单 位： 上海市城市建设设计研究总院（集团）有限公司

前言

第四次工业革命源于工业物联网、信息物理系统、新能源和新材料的智能制造时代。在第四次工业革命历史发展潮流的大背景下我国提出了《中国制造 2025》的发展规划。智能网联汽车是《中国制造 2025》规划中提出的新概念，是智能汽车与互联网相结合的产物。智能网联汽车集中运用了汽车工程、人工智能、计算机、微电子、自动控制、通信技术、大数据和云计算等专业知识，是一个集环境感知、规划决策、控制执行和信息交互为一体的高新技术综合体，拥有相互依存的价值链、技术链和产业链体系。

2021 年 5 月，住房和城乡建设部、工业和信息化部印发通知，确定北京、上海、广州、武汉、长沙和无锡 6 个城市为智慧城市基础设施与智能网联汽车协同发展第一批试点城市。通知指出，试点城市要建立健全统筹协调机制，落实资金等保障措施，确保试点工作取得成效，形成可复制、可推广的经验。

随着城市汽车保有量的增加，出现了能源短缺、环境污染、交通拥堵和事故频发等问题。智能网联汽车被称为“聪明车”，智慧交通设施则提供“智慧路”，车路协同发展思路是解决这些社会问题的有效方案。“聪明的车”和“智慧的路”通过车网深度融合，实现车路协同，这种协同模式代表着智慧城市建设的未来发展方向，可显著改善交通安全问题，实现节能减排、减轻交通拥堵和提高交通效率，并拉动电子、通信、服务和社会管理等行业协同发展。

本书包括起源、成长、技术、愿景四篇，系统介绍了“聪明车”和“智慧路”的相关知识，涉及的问题既有智能网联汽车的基础知识，又有对智能网联汽车的最新技术和未来发展方向的介绍，是一本兼具专业性和普及性的科普读物。

在本书编写过程中，少量引用了一些书籍、网上的公开资料和图片，无法联系到图片版权所有者，我们在图片下方均标明图片来源，若有相关事宜需要处理，请与我们联系。本书如存在不足之处，恳盼读者给予批评指正。

希望本书的出版能对普及智能网联汽车知识、发展车路协同起到积极的引导和促进作用。

编者

2023 年 5 月

目录

第 1 章　起源
Chapter 1　The Origin

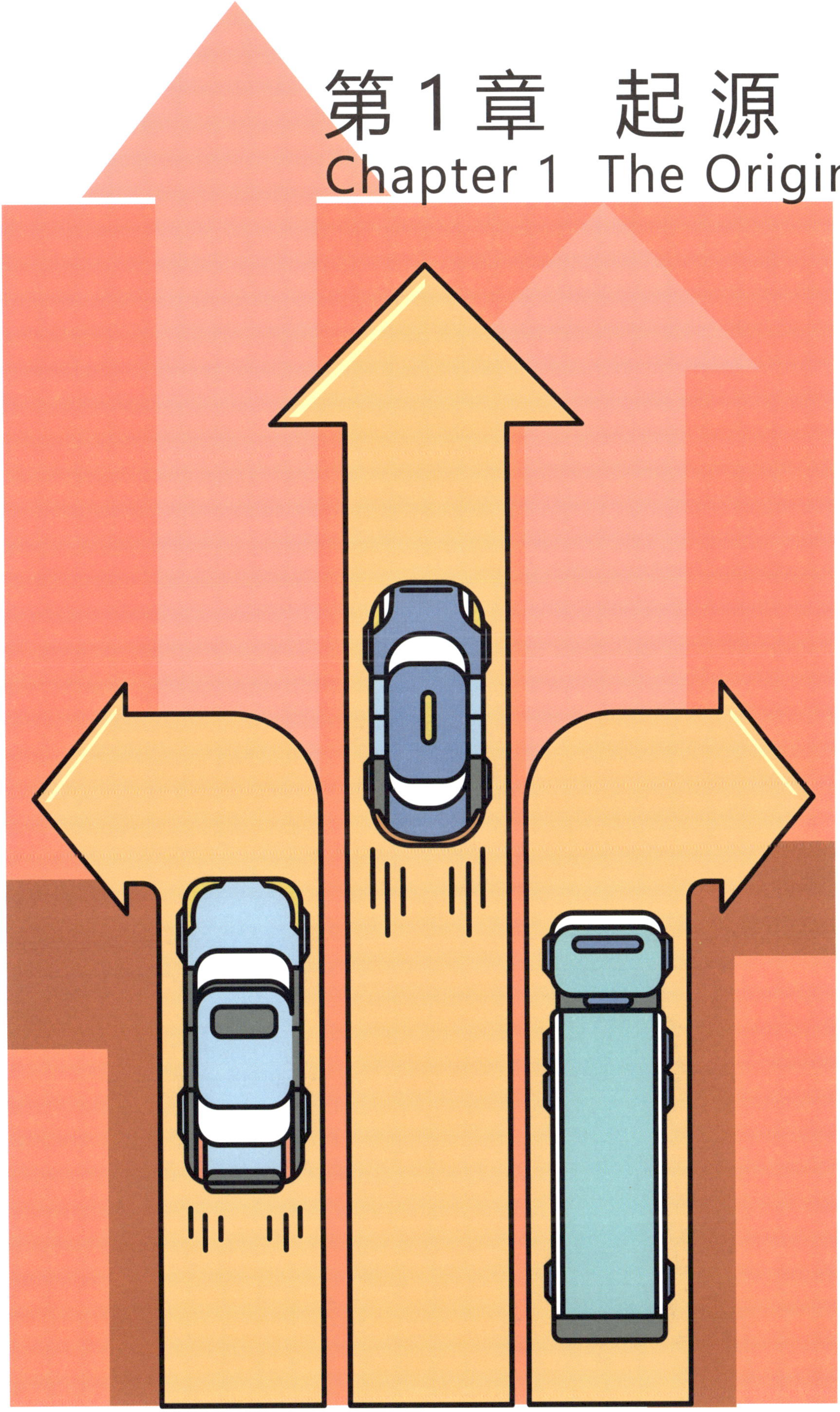

1.1

相关概念辨析

Analysis of Related Concepts

1.1.1 智能汽车
Intelligent Vehicle

1.1.2 智能网联汽车
Intelligent Connected Vehicle

1.1.3 无人驾驶汽车
Self-driving Vehicle

1.1.4 车联网
Vehicle Networking

1.1.5 车路协同系统
Cooperative Vehicle infrastructure syetem

1.1 相关概念辨析

目前，我国是世界第一汽车生产大国和世界第一新车销售市场，汽车保有量快速增长。预计至 2025 年，我国汽车总保有量将达到 3 亿辆，千人保有量将达到 210 辆。伴随着汽车保有量的显著增加，汽车在能源节约、环境保护以及事故发生等方面产生的影响也日益受到人们的关注。

智能网联汽车不仅可以高效地解决能源短缺、环境恶化以及交通事故频发等问题，亦是未来汽车产业发展的风向标，可以对智慧出行及服务等产业进行重新架构。智能网联汽车产业发展成为了交通强国的重要发展引擎之一。

智能汽车、智能网联汽车、无人驾驶汽车等概念之间的关系如图 1-1 所示。智能网联汽车是智能汽车与网联汽车交集的产品；车联网是智能网联汽车的重要支撑技术；智能网联汽车发展的终极目标是无人驾驶汽车。车路协同是基于先进的互联网及通信技术，全方位实现车与车、车与路和人与车动态实时的信息交互，开展车辆协同安全和道路协同控制。

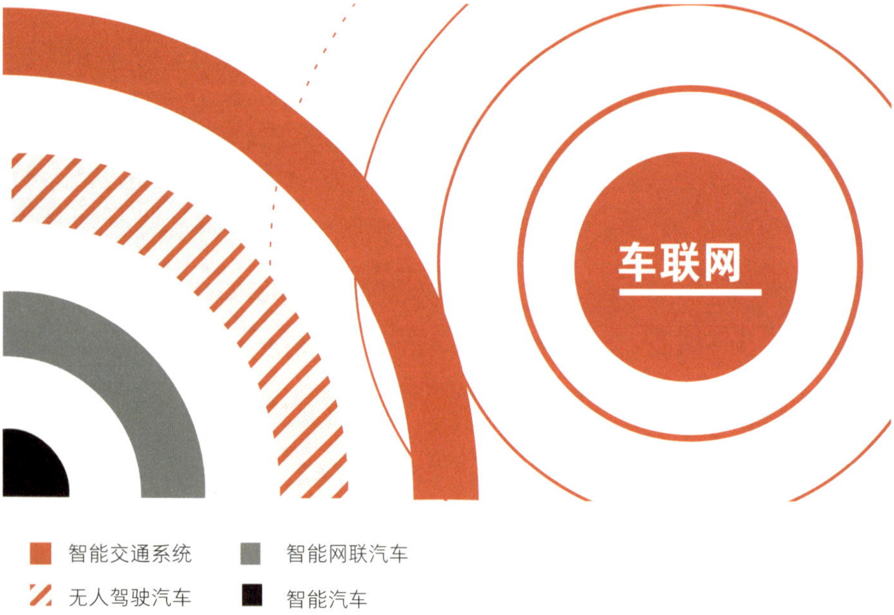

图 1-1 智能网联汽车相关概念之间的关系

1.1.1 智能汽车

智能汽车可在一般汽车上添加具备高科技的传感系统、决策系统以及执行系统，通过感知系统以及信息终端系统来进行车、路、人等之间的信息交互，对车辆周边的环境进行实时感知和响应，自动识别车辆周边是否存在潜在风险，最终替代人的行为来将人送到目的地（图 1-2）。

智能汽车是未来智能交通的重要展现形式，未来的智能汽车已不单纯是一种交通运输工具，而是一种智能移动终端。智能汽车分为自主式智能汽车和网联式智能汽车。自主式智能汽车是指采用车载传感器独立于其他车辆自动驾驶的汽车；网联式智能汽车是指能与附近车辆及路侧设施进行通信，非自主式自动驾驶的汽车。

图 1-2 智能汽车
（图片来源：https://www.sohu.com/a/504140591_506372）

1.1.2 智能网联汽车

自主式智能汽车和网联式智能汽车相融合即为智能网联汽车。基于具有先进科学技术的传感器、执行器和控制器等设备装置，通过搭载现代通信技术，实现智能信息交互、共享、环境感知、智能决策、智能控制等功能是智能网联汽车的关键内涵。

智能网联汽车包含三个关键词：“智能”“网联”和“汽车”。“智能”是指包含环境感知、智能决策和智能控制等功能模块的先进技术；“网联”是指基于智能网联的通信技术，实现车与车、车与设施、车与行人以及车辆与云端的信息智慧交互；“汽车”是指搭载“智能”技术和“网联”技术的载体。

智能网联汽车主要在以下几个方面区别于传统汽车。

1）底盘电气化　传统汽车使用的能源一般是汽油或柴油，而智能网联汽车，一般是纯电动车或者氢燃料电池车，因此它成为了一个零排放的交通工具。

2）车身轻量化　车身轻量化是指采用铝合金、碳纤维等轻质材料制作车身，可显著减轻车身质量，提高经济性。

3）整车智能化　整车智能化是指汽车安装先进的驾驶辅助系统，提高驾驶安全性。汽车也将是一个集小型办公室、购物中心、娱乐中心于一体的复合场所。

4）交通网联化　汽车不仅使用电力联网，成为能源互联网，而且汽车自带传感器，成为车联网，最终实现车与车、车与路、车与人、车与平台之间的信息互通。

传统汽车 VS 智能汽车

表 1-1 传统汽车与智能汽车性能对比

传统汽车	智能汽车
传统底盘 一般为燃油车，行驶的动力主要来自于内燃机，存在噪声、尾气排放，会造成一定的环境污染；其运动部件多，维修保养复杂，维护费用高。	**底盘电气化** 主要使用纯电动车或者氢燃料电池车，目标是“零排放”。
传统车身 为钣金焊接结构，制造工艺主要分为冲压、焊装、涂装、总装等四大工艺环节。车身较重，对汽车的动力性能、可操控性、燃料消耗、排气污染等均有影响。	**车身轻量化** 车身零部件的薄壁化、中空化、小型化或集成化，以减小车身骨架和车身覆盖件的质量或数量；以高强钢板、合金、复合材料替代传统车身钢板；采用特种加工工艺，如激光拼焊板、连续变截面轧制板等。
传统操控系统 以动力系统操控为主，通过曲轴旋转、飞轮与离合器配合、万向节和传动轴传递、差速器分配动力、减速器双曲线齿轮传至车轮等环节进行操控。	**整车智能化** 汽车安装先进的驾驶辅助系统，提高行驶安全性。汽车也将是一个小型办公室+购物中心+娱乐场所的复合场所。
传统信息交互 驾驶过程中的信息收集完全依赖于人类感官，以视觉信息（前方视野、侧方和后方视野、车辆灯光、交通信号及标志标线）采集为主，同时也包括听觉信息（喇叭声音）、受力及震动信息等。	**交通网联化** 自带传感器、储存器、运算器、控制器等功能，成为车联网及万物互联的重要节点，实现车与车、车与路、车与人、车与后台之间的信息交互。同时，汽车动力能源可在移动状态实时从电网获取或反向存储，成为能源互联网的一部分。

1.1.3 无人驾驶汽车

基于环境感知系统对道路环境进行实时感知，而后按照预定条件控制车辆的行驶路径，不依赖于人的驾驶技术，就能到达地点的汽车即是无人驾驶汽车，它是计算机、人工智能、无线通信、导航定位、机器视觉等多种先进数字化技术融合的综合机体。

1.1.4 车联网

车联网基于无线通信技术、物联网技术、云计算以及语音识别等高数字化技术，建立可以把人、机动车、交通基建、交通运维管理、供应商需求和智能响应信息覆盖在内的实时通信网络，进而可实现信号管控、信号诱导、交通管理和信息服务等一系列功能。图 1-3 为车联网平台示意图。

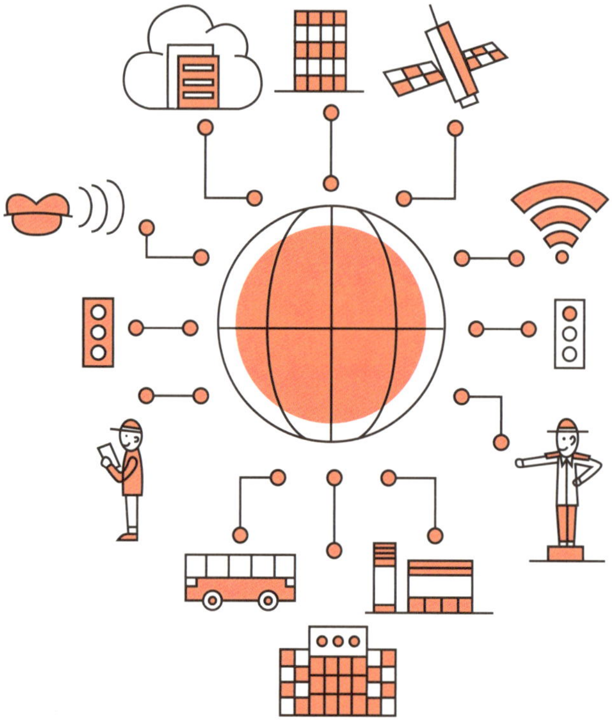

图 1-3　车联网平台

1.1.5　车路协同系统

如图 1-4 所示，车路协同体现了多智能技术的交互融合。其采用传感检测、无线通信等高数字化技术，实现了对人、车、路多方面的信息化感知，发挥各方面智能协同配合的作用，能使交通环境更加安全、环保和高效。

车路协同主要包括四大关键技术：智能车载技术、智能路侧技术、智能通信技术和智能云控技术。其中，智能车载技术可安装在车辆终端，能拓宽驾驶员视野，增加驾驶员实时了解行车环境和车辆运行状态的感知单元技术；智能路侧技术可采集道路状况、交通状况，通过通信网络将信息传递至指挥中心或路侧处理单元进行处理后，再通过网络传递至有信息请求的车载端技术；通信技术可满足车载端与路侧端之间的通信技术，用于车辆与道路的信息采集、路况信息采集，以及车与车之间的通信中继；云控技术可对数据进行存储、计算和决策。

图 1-4　车路协同
（图片来源：https://sohu.com/a/581020785_468661）

1.2

国内外创新进展

Innovation Progress at Home and Abroad

1.2 国内外创新进展

1.2.1 联合国

2020年，《自动车道保持系统》（*Automated Lane Keeping System*，*ALKS*）《信息安全与信息安全管理系统》（*Cyber Security and Cyber Security Management System*）等法规由联合国欧洲经济委员会（The United Nations Economic Commission for Europe，UNECE）讨论通过，并联合60多个国家和地区开始实施，旨在关注智能网联汽车的安全问题。

联合国世界车辆法规协调论坛（UN/WP29）成立了自动驾驶车辆工作组（GRVA），其工作职责主要是协调全球智能网联汽车利益相关者，并在此基础上推动建立自动驾驶和网联功能的相关法规。

1.2.2 中国

我国智能网联汽车产业呈现出强劲的发展势头。国内已开放的自动驾驶道路测试里程超过5 000 km，发放测试牌照900余张。下一步，我国将推动交通管理、地图、保险、金融等法律法规的修订，在计算平台、操作系统、数据和网络安全等前沿共性关键技术方面寻求突破，加快车规级芯片、关键零部件的研发应用，拓宽"单车智能 + 网联赋能"的"车路云"融合发展路径，推动智能网联汽车高质量发展。

1.2.3 美国

为了在智能网联汽车领域营造创新发展环境、支持自动驾驶技术的发展、推动自动驾驶技术与地面交通系统多种运输模式的安全融合，美国近几年来连续更新发布了"自动驾驶汽车规划"（Automated Vehicle，AV）多个版本规划和"智能交通战略"等策略分析（图1-5）。

已发布的"自动驾驶汽车规划"从1.0到4.0这4个版本的发展理念一脉相承，但因处于不同时期各版本侧重点有所不同，从鼓励创新发展环境，到注重自动驾驶汽车安全监管，到放宽对自动驾驶汽车发展的限制，再到推动自动驾驶技术与地面交通系统多种运输模式的安全融合，政策体系不断完善。

（a）

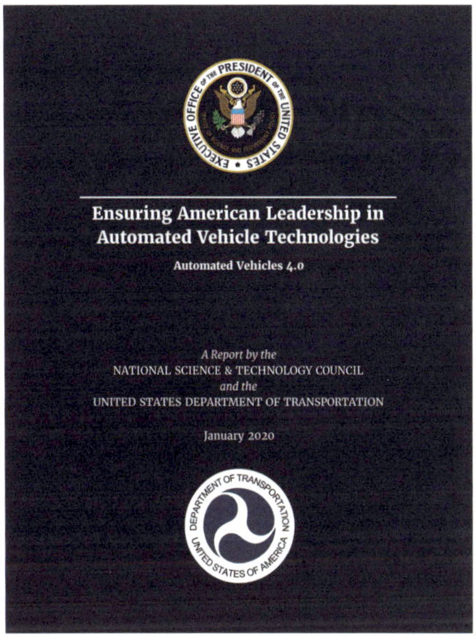

（b）

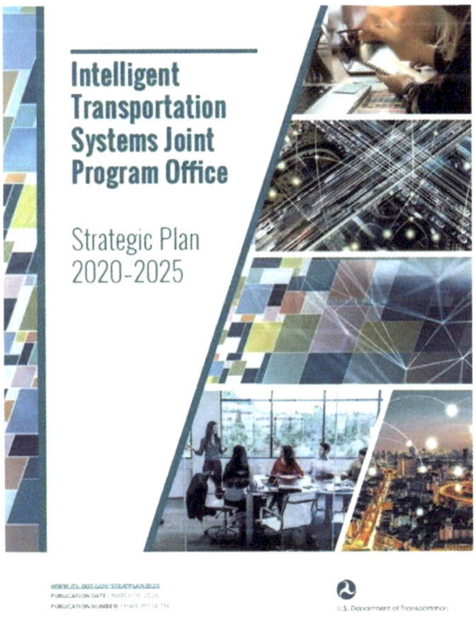

（c）

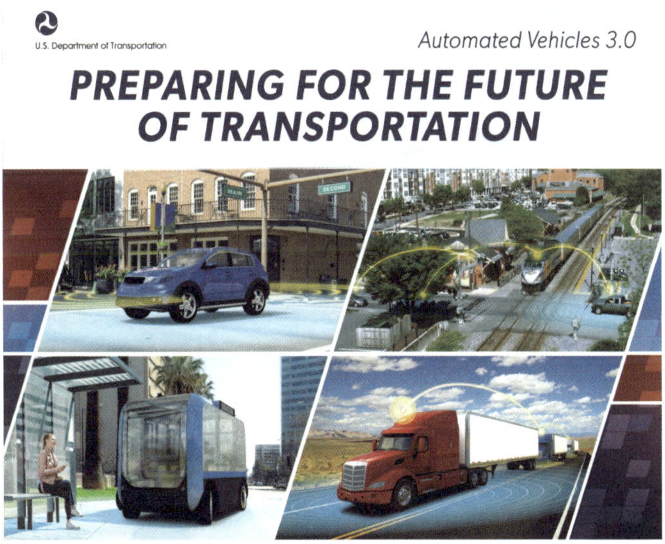

（d）

图 1-5　美国汽车工业的强大构想

（a）自动驾驶汽车规划 2.0　（b）确保美国自动驾驶领先地位：自动驾驶汽车 4.0

（c）智能交通战略规划 2020-2025　（d）自动驾驶汽车规划 2.0

2020 年 4 月，美国交通部发布了《智能交通战略规划 2020-2025》，与之前的 2010 版、2015 版智能交通系统战略相对比，2020 版战略更加强调智能网联汽车及相关体系新兴科技的全面创新和布局，从整个技术全生命周期的角度推动智能网联汽车在研发、实施、评估全流程中的应用。

1.2.4 欧盟

欧盟委员会于 2016 年通过了“合作式智能交通系统战略”，即 C-ITS（Co-operative ITS）系统建设战略。该战略旨在促进欧盟智能网联汽车领域相关行业跨地域和跨专业的协同，注重在战略规划、技术路线、创新研究、基础设施等方面的研发，以加速智能网联汽车的发展。欧洲道路运输研究咨询委员会（European Road Transport Research Advisory Council，ERTRAC）制定了智能网联汽车顶层规划（即“路线图”），并进行了若干次更新。《网联式自动驾驶路线图》（*Connected Automated Driving Roadmap*，CADR）2019 年版（图 1-6）中提出了自动驾驶基础设施分级（Infrastructure Support Levels for Automated Driving，ISAD）；2021 版的“新交通出行服务”（New Mobility Services，NMS）报告中强调了智能网联汽车对车辆使用优化、可达性提成、社会经济促进的重要意义，并召开题为“连接和自动驾驶（Connectivity and Automated Driving)”的工作组会议，通过工作组会议制定车路网联、多模式融合的长期发展愿景。

1.2.5 日本

日本政府在《第五期科学技术基本计划（2016-2020）》中提出“社会 5.0”（Society 5.0）计划，计划将日本打造成为世界上最适宜创新的国家，以实现由日本引领后工业社会和后信息社会的科学技术目标。该计划将智能网联汽车的发展与智能交通、智慧城市深度融合（图 1-7）。

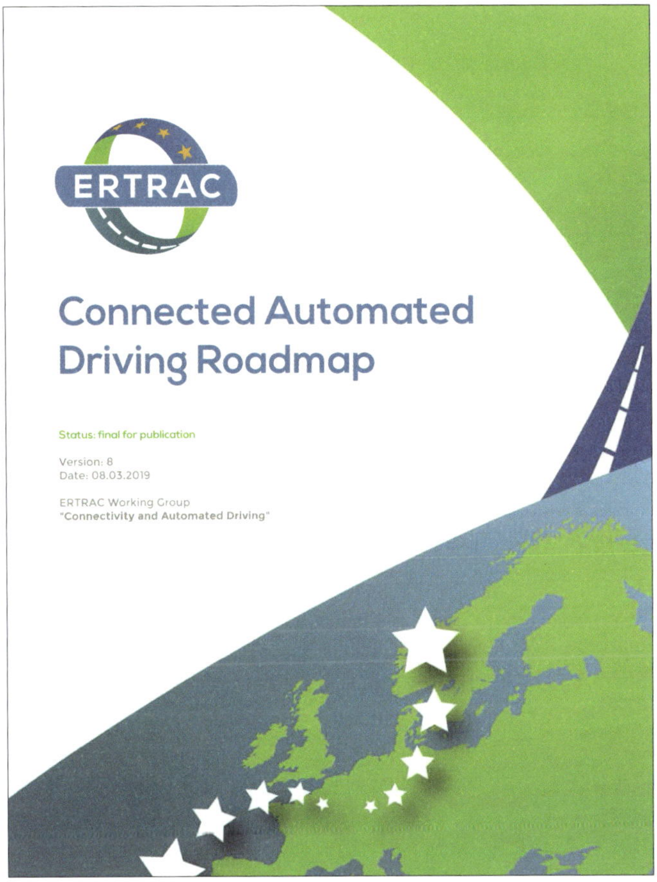

图 1-6 《网联式自动驾驶路线图》，2019 版

（图片来源：https://baijiahao.baidu.com/s?id=1725810233727726526）

自 2014 年起，日本政府编制发布《官民 ITS 构想路线图》，并每年进行更新，以推动自动驾驶的测试验证、示范和推广。该路线图计划于 2025 年左右实现私家车、卡车运输在高速公路 L4 级自动驾驶（表 1–2）。

自动驾驶水平分级：

L0 级自动驾驶：没有自动油门、刹车和方向盘，全程由驾驶员控制。

L1 级自动驾驶：驾驶是主要任务，系统的实时辅助主要是让驾驶员控制车辆，但系统会在一定时间介入，比如 ESP 电子车身稳定系统或者 ABS 防抱死制动系统，主要是用来提高驾驶安全性。

L2 级自动驾驶：自动化的一部分，驾驶员仍然需要专注于路况。如果一级自动驾驶是辅助油门和刹车，那么二级自动驾驶是介入控制方向盘，在某些条件下，可以控制车辆的速度和转向。

L3 级自动驾驶：有条件自动控制时，系统可以自动控制车辆。在大多数路况下，驾驶员的注意力不需要集中在路面上，双手甚至可以离开方向盘。

L4 级自动驾驶：高度自动化，或与方向盘和其他接口，以提供及时的车辆驾驶控制。自动驾驶启动后，电脑会在设定目的地后沿路线行驶，无需干预整体驾驶。但它只需要在高速公路或市区等特定区域进行干预，但它已经能够处理大部分动态驾驶任务。

L5 级自动驾驶：全自动，人类完全成为乘客。第五级自动驾驶车辆将是全自动的，车辆上甚至不需要方向盘和其他驱动机构。车辆完全通过计算机感知和计算驱动，无论任何环境或路况，都无须人工驾驶干预。

图 1-7　日本“社会 5.0”——人类社会相继经历了狩猎与采集社会、农耕社会、工业社会、信息社会，未来将演进为新一代社会形态
（图片来源：https://page.om.qq.com/page/03F9e5LMUmkWkDFSPs3EwX0A0）

表 1-2　日本自动驾驶实现愿景及时间

领域	自动驾驶等级	实现功能或场景	商业化时间
私家车	L2级	半自动驾驶	2020年
	L3级	自动驾驶	2020年左右
	L4级	高速公路自动驾驶	2025年左右
物流服务	L2级及以上	高速公路卡车列队（后车有人）	2021年
		高速公路卡车列队（后车无人，可变道）	2022年以后
出行服务	L4级	高速公路货车	2025年以后
	L4级	特定区域	2020年
	L2级及以上	高速公路	2022年以后

1.2.6 其他国家

世界上其他国家也都在围绕智能网联汽车相关内容推进开展具体工作，包括推进顶层规划、制定法律法规、开展智能网联汽车测试等，都积极参与全球竞争，加快融入全球智能网联汽车产业，抢占未来新兴产业与技术发展战略的制高点。

韩国政府于 2019 年发布了《2030 未来汽车产业发展战略》，提出构建无人驾驶管理体系及路网系统，计划于 2024 年前完成相关法律法规和制度的制定，于 2027 年实现自动驾驶汽车商用行驶并在主要道路上 L4 级自动驾驶商用（图 1-8，图 1-9）。按计划，到 2030 年，韩国或将成为未来汽车领域最具竞争力的国家之一。

澳大利亚政府提出了适当控制具有自动驾驶功能汽车的应用要求，并规定当汽车处于有条件自动驾驶状态时，驾驶员有遵守道路交通法规的责任。同时，澳大利亚开展了如发布测试指南、修订法规限制、技术研究、测试验证和示范项目应用等工作，以推动智能网联汽车产业与技术的发展。

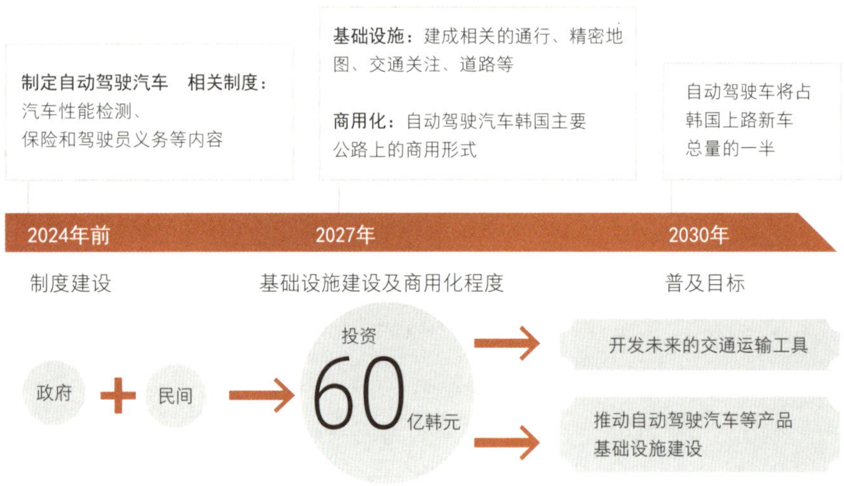

图 1-8 韩国 2024—2027 自动驾驶汽车发展目标路线图

图 1-9　市长的出行体验（2022 年，韩国首尔市市长吴世勋试乘无人驾驶出租车 RoboRide，该车配备 L4 级自动驾驶技术，根据国际汽车工程师学会公布的标准，这一级别的自动驾驶技术是指汽车在大部分条件下能够完成驾驶任务，即使出现紧急情况也能独自处理，无须驾驶者介入的技术。）（图文来源：央广网）

1.3 智能网联分级

Classification of Intelligent Connected Vehicle

1.3 智能网联分级

智能网联汽车级别的高低决定了智能网联汽车的智能化程度，网联级别越高的智能网联汽车，其智能化水平越高，也更接近智能网联汽车的发展目标。

根据网联汽车的发展阶段和功能需求，智能网联汽车的网联技术从低到高，可以分为三个主要级别：第一级是联网辅助信息交互，强调信息层面的联网；第二级是联网协同感知；第三级是网联协同决策与控制。

1.3.1 第一级：联网辅助信息交互

联网辅助信息交互的目的是为了实现车辆与道路的信息交互与共享，辅助驾驶员作出正确的驾驶决策。当前的技术水平已经基本实现了这一级功能。比如，借助网络通信技术，车辆可以实时获取道路交通相关信息，包括车辆定位、导航、路况、路面等信息，具备初步的单向交流功能。在实现相关功能服务的基础上，信息质量的可靠性、信息传输的时效性还有待进一步提高，这是下阶段联网协同感知的关键。

1.3.2　第二级：联网协同感知

所谓联网协同感知，是指在车辆与道路能够实现信息交互的基础上，将车辆联网，实现更高维度的驾驶决策。目前，这一技术领域尚在积极探索之中。汽车联网以后，通过车路通信系统，能实现汽车与周围环境信息无延时交互，这里的环境信息不再局限于道路及交通相关运行信息，还包括其他车辆的即时状态信息、短时预测信息等。信息交互除了辅助出行以外，还可以提供其他服务，甚至是高端服务。这一级功能的实现，对智能网联基础设施的实施性、可靠性、容量都有较高要求。

1.3.3　第三级：网联协同决策与控制

如图 1-10、表 1-3 所示，真正的智能网联协同决策与控制能彻底解放驾驶员的双手和双脚，使驾驶员成为一个自由的乘客，是智能网联汽车发展的高级目标，也是最终目标。

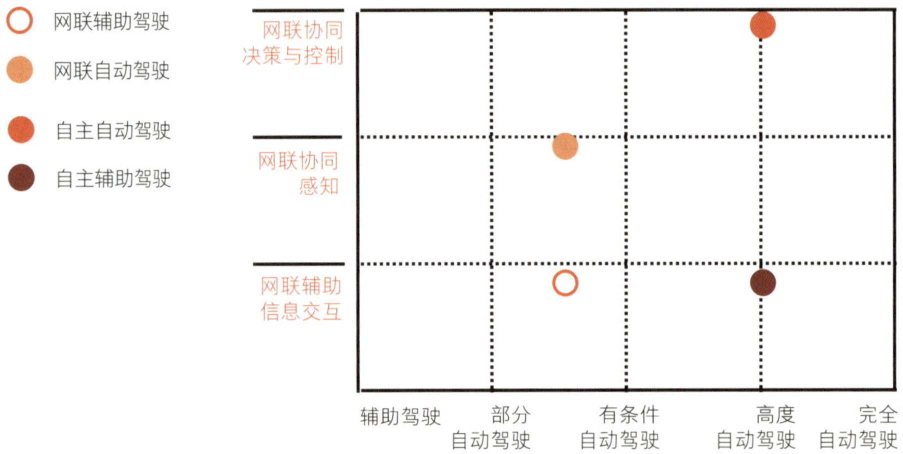

图 1-10　网联协同决策与控制框图

表 1-3　网联化等级及信息传输需求

等级	定义	控制主体	典型信息	信息传输需求
网联辅助信息交互	基于车-路、车-平台通信，实现导航、路况等驾驶辅助信息的获取，并同步上传驾驶员操作数据	人	地图、交通流量、交通标志、车况、驾驶习惯等	实时性、可靠性要求不强
网联协同感知	基于车-路、 车-车、 车-人、车-平台通信，共享本车数据与交通环境信息，作为本车决策与控制系统的输入。	人与系统	周边车辆、行人、非机动车交通环境、信号灯控制、道路预警等	实时性、可靠性要求较高
网联协同决策与控制	基于车-路、车-车、车-人、车-平台通信，实时获取车辆、周边环境、相关车辆决策信息，车-车、车-路等交通参与者之间信息进行交互融合，形成车-路-人系统决策与控制	系统	协同控制各类信息	确保实时性、可靠性

第 2 章 成长
Chapter 2 The Growth

2.1 国内政策动态

Domestic policy trend

2.1 国内政策动态

近年来，我国多个相关部委积极协同开展智能网联汽车顶层设计规划，制定了智能网联汽车发展目标、确定了体系任务：同时，还积极制定了智能网联汽车的产业政策，开展了相关法规的制定与修订，进行自动驾驶测试示范基地与相关基础设施的建设，力图推动我国智能网联汽车产业和技术的全方位发展。

2.1.1 政策法规

2015 年 5 月 19 日，国务院印发了《中国制造 2025》，该规划首次提出“智能网联汽车”这一新概念，明确了智能汽车与互联网相结合的发展方向。

2016 年 4 月 6 日，《装备制造业标准化和质量提升规划》在国务院常务会议上通过，明确要求对接《中国制造 2025》。

2017 年 12 月 29 日，《国家车联网产业标准体系建设指南（智能网联汽车）的通知》由工业和信息化部、国家标准化管理委员会联合发布。该文件按照不同行业属性将标准体系划分为智能网联汽车标准体系、信息通信标准体系和电子产品与服务标准体系等，为我国打造自主核心技术的车联网产业提供政策与技术体系支撑。

2019 年 9 月，中共中央、国务院发布《交通强国建设纲要》，其中就智能网联汽车提出明确要求：应加强智能网联汽车协同研发，形成自主可控完整的产业链。“数据资源赋能交通发展”得到充分强调，要求加速交通基础设施网、运输服务网、能源网与新兴网络融合发展，最终目标是构建广泛先进的交通信息基础设施体系。

2020 年 2 月，由国家发展和改革委员会牵头、联合中共中央网络安全和信息化委员办公室等共计十一部委印发《智能网联汽车创新发展战略》，

表 2-1 国内自动驾驶相关政策

2015年5月	《中国制造2025》
2016年4月	《装备制造业标准化和质量提升规划》
2017年12月	《国家车联网产业标准体系建设指南（智能网联汽车）的通知》
2019年9月	《交通强国建设纲要》
2020年2月	《智能网联汽车创新发展战略》
2020年6月	《关于扩大战略性新兴产业投资培育壮大新增长点的指导意见》
2020年7月	《关于科技创新驱动加快建设交通强国的合作意见》
2020年7月	《关于推动交通运输领域新型基础设施建设的指导意见》

明确提出要以中国标准智能网联汽车为发展方向，以智能网联汽车强国为建设目标，构建 6 个体系，具体包括：智能网联汽车技术创新体系、产业生态体系、基础设施体系、法规标准体系、产品监管体系和网络安全体系。

2020 年 6 月，国家发展和改革委员会、科学技术部、工业和信息化部、财政部等四部委联合印发《关于扩大战略性新兴产业投资培育壮大新增长点增长极的指导意见》（以下简称《指导意见》）。《指导意见》明确提出，要开展智能网联汽车道路测试和示范应用，在车联网车路协同基础设施建设方面要加大力度，要加快智能汽车特定场景应用和产业化发展等指导性意见。《指导意见》还提出，支持建设一批自动驾驶运营大数据中心作为推动智能网联汽车的核心工作，以支撑智能汽车应用和改善出行为切入点，通过建设城市道路、建筑、公共设施融合感知体系，来打造基于城市信息模型（City Information Modeling，CIM）、融合城市动态和静态数据于一体的“车城网”平台，旨在推动智能汽车与智慧城市协同发展。

2020 年 7 月，《关于科技创新驱动加快建设交通强国的合作协议》（以下简称《协议》）由科学技术部与交通运输部联合签署。《协议》提出：“结合交通强国建设试点，以典型先进区域为载体、以未来重大场景为牵引，推动自动驾驶、智能航运、智能工地、智能高铁、智能邮政等先导应用示范，努力打造一批具有‘国际标准、中国特色、高点定位’的典型案例。”

2020 年 7 月,《关于推动交通运输领域新型基础设施建设的指导意见》（以下简称《意见》）由交通运输部印发。《意见》提出打造融合高效的智慧交通基础设施、助力信息基础设施建设、完善交通行业创新基础设施。具体目标是“2035 年实现感知设施、先进传输网络、北斗时空信息服务在交通运输行业深度覆盖，行业数据中心和网络安全体系基本建立，智能列车、自动驾驶汽车、智能船舶等逐步应用等目标。”表 2-1 显示了国内自动驾驶相关政策发布的时间。

2.1.2 法规标准

2020 年 4 月,工业和信息化部印发了《2020 年智能网联汽车标准化工作要点》,旨在加速标准布局。

2020 年 6 月,自然资源部印发了《自然资源部 2020 年立法工作计划》，制定的多项管理办法涉及高精度地图领域，并放宽高精度测绘资质管理。

2021 年 4 月，第十三届全国人大常委会第二十八次会议通过了修正后的《中华人民共和国道路交通安全法》，该法规增加了具有自动驾驶功能的汽车开展道路测试的条件、程序等规定，明确道路通行的要求、交通违法处理和事故责任认定等内容。

2.1.3 测试示范

2020 年 6 月，工业和信息化部为天津（西青）国家级车联网先导区揭牌。

2020 年 7 月，交通运输部印发了《关于河北雄安地区开展智能出行城市等交通强国建设试点工作的意见》。

2021 年 1 月，工业和信息化部、公安部和交通运输部发布《智能网联汽车道路测试与示范应用管理规范》修订版的征询意见稿。

2021 年 5 月，住房和城乡建设部、工业和信息化部印发通知，确定了智慧城市基础设施与智能网联汽车协同发展第一批试点城市，分别为:北京、上海、广州、武汉、长沙和无锡。该通知还要求，试点城市要形成可复制、可推广的经验，并从建立健全统筹协调机制、落实资金等保障措施方面着手。

2.1.4 应用推广

我国智能网联汽车产业发展已由技术研发与测试验证阶段逐步进入到示范应用、大规模推广的新阶段，各省份都在积极探索智能网联汽车的示范推广与商业化应用。

工业和信息化部、公安部、交通运输部在全国各地先后支持建设 16 个智能网联汽车测试示范区，国内已有超过 20 个省市发布道路测试实施细则，并已颁发测试牌照超过 400 张。其中，广州、长沙、上海、武汉、沧州、北京、重庆、深圳、海南、合肥等地已经开放载人测试（表 2-2）。

表 2-2　国内智能网联汽车测试示范区示意图（截至 2022 年 7 月）

北京 国家智能汽车与智能交通（京冀）示范区 自动驾驶封闭场地测试基地（北京）	**上海** 国家智能网联汽车（上海）试点示范区 自动驾驶封闭场地测试基地（上海）
重庆 智能汽车集成系统试验区（i-VISTA） 自动驾驶封闭测试基地	**武汉** 武汉智能网联汽车示范区 自动驾驶封闭场地测试基地（襄阳）
长春 国家智能网联汽车应用（北方）示范区	**广州** 广州智能网联汽车与智慧交通应用示范区
西安 自动驾驶封闭场地测试基地(西安）	**长沙** 国家智能网联汽车（长沙）测试区
成都 中德智能网联汽车四川试验基地	**江苏** 国家智能交通综合测试基地（无锡） 自动驾驶封闭场地测试基地（泰兴）
浙江 浙江5G车联网应用示范区	TO BE CONTINUED

在高速公路智慧化建设方面，各地也在不断升级和完善智慧设施体系的建设，推动车路协同技术进步。以下是我国已开展的几个应用实例。

1）浙江省 杭绍甬高速公路

高速公路两侧每隔 200 m 就安装了收发电子信号的路侧探头，通过这些探头传递的数据信息，能实现车与路之间的交互和协同驾驶。当智能网联汽车驶入浙江省杭绍甬高速公路时，车辆上的感知设备探测到设置于道路两侧的车路协同设备，即可自动建立起相互间的通信对话连接。

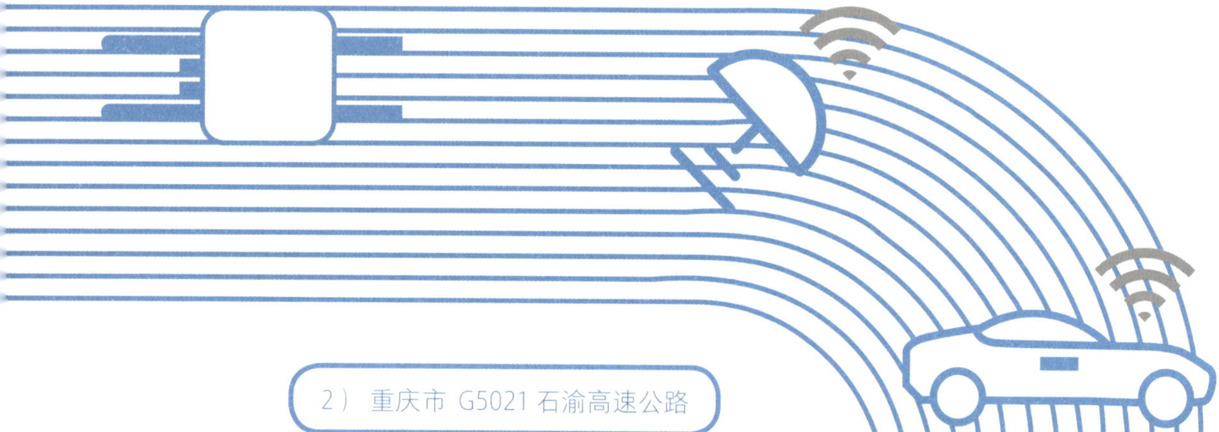

2）重庆市 G5021 石渝高速公路

重庆市 G5021 石渝高速公路管控系统可提供具备高性价比的地图引擎和高精度电子地图服务。当智能网联车辆驶入该高速公路时，车辆能自动识别、转换及分片，同时，还能得到一站式设备运维管控服务。此外，车载设备和路侧设备的远程升级、配置及告警等服务也在该系统中得以集成体现。

3）河北省 延崇高速公路

河北省的延崇高速公路包含 17 km 自动驾驶和车路协同示范应用范围。在该示范应用范围内，每 500 m 布置了一套自动驾驶路侧设备。当智能网联车辆驶入该高速公路时，车辆能自动识别并形成车与路的信息连接，实现了车路协同驾驶。考虑到未来网联需求，该示范应用项目每隔 200 m 还预留了通信光纤接口。

4）湖南省 长沙绕城高速公路

当智能网联车辆驶入长沙绕城高速公路时，智能车辆能够自动识别并形成车—路信息连接，完成车路协同的自动驾驶。在该路段上，共设置有 98 个智能网联汽车相关场景，可以实现智慧交通管理、智能网联汽车测试及网联辅助驾驶等功能；此外，每 150 m 和 400 m 处分别部署边缘感知设备和边缘计算单元，满足车路协同自动驾驶车辆测试、网联辅助驾驶和高速公路运营监管等需求。

另外，多家企业也与各地政府一起，联合开拓创新型商业模式，积极探索众多场景环境下的自动驾驶应用服务。例如百度、滴滴、文远知行、小马智行等公司在广州、上海、北京、长沙、沧州、深圳、苏州、合肥等多地，基于载人测试开展 Robotaxi 测试运行；又如东风 Sharing-VAN、金龙和百度联合打造“阿波龙”、宇通 L4 级小巴等，进行自动驾驶小巴示范应用。

北京网联云控式高级别自动驾驶示范区6大亮点

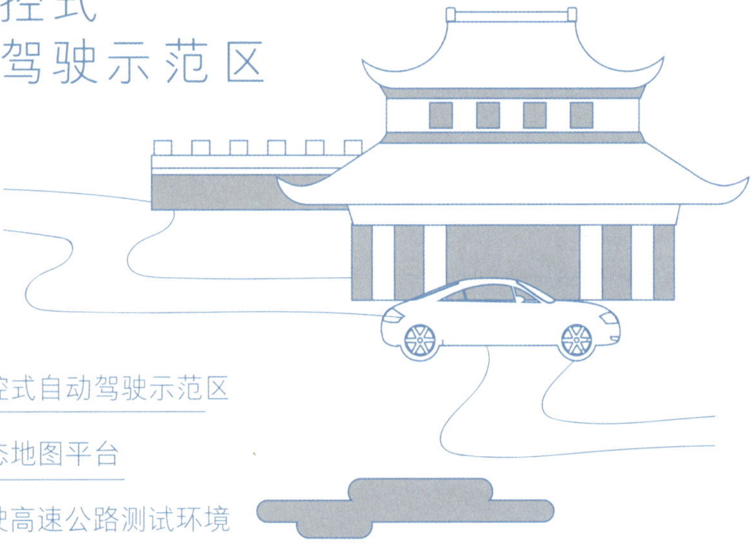

1. 全球首个网联云控式自动驾驶示范区
2. 全国首个高精动态地图平台
3. 率先开放自动驾驶高速公路测试环境
4. 建设国家级智能网联汽车数据交互与综合应用公共服务平台
5. 探索创新型建设运营模式
6. 探索新型智能交通基础设施构架

北京经济技术开发区在智能网联汽车发展与应用方面走在全国前列，聚焦L4级及以上高级别智能网联汽车的规模化运行目标，规划建设全球首个网联云控式高级别自动驾驶示范区，通过不断测试、分析、修正、完善和迭代等过程，逐步识别车、路、云之间的最佳配置关系，以期完成“智慧的路、聪明的车、实时的云、可靠的网和精确的图”五大体系建设，打通网联云控式自动驾驶的技术和管理关键环节，形成城市级工程试验平台，并可实现一系列应用场景商业化落地和一批应用产品的推广。

2.2

国内发展目标和体系架构

Domestic Development Goals and System Structure of Intelligent Connected Vehicles (ICV)

2.2 国内发展目标和体系构架

2.2.1 国内智能网联汽车发展阶段

中国的智能网联汽车行业得到了各级政府和从业者的重视，从智能网联汽车的发展时间轴线来看，智能网联汽车的发展大致可以分为三个阶段：起步期、快速发展期和成熟期。目前，中国智能网联汽车的发展已经走过了起步期，正在处于快速发展期，预计到 2030 年，智能网联汽车将迎来成熟期。

图 2-1 智能交通环境下的生活图景

1）第一阶段：起步期（2016—2020 年）

所谓起步期，即中国智能网联汽车发展的觉醒和启动阶段。这一阶段主要确定了网联汽车的技术基础和发展战略目标，基本明确了智能网联汽车的顶层设计和标准体系，并对网联汽车的社会效益进行了梳理。

在顶层设计方面，初步建成了智能网联创新体系。针对智能网联汽车标准体系和网联能力，初步建立三套体系，分别为：标准法规体系、生产配套体系和自主研发体系。在车辆智能驾驶辅助系统关键技术方面，逐步取得了进步，具体包括传感器、控制器等关键系统的技术研发。在与之相应的产品供应能力方面，目前能够满足自主规模生产需求，产品成本具备市场竞争力，产品质量也达到了国际先进水平。此外，中国智能网联汽车数据安全技术标准也已制定，与发达国家之间的差距进一步缩小。汽车 DA 级、PA 级、CA 级得到广泛应用，新车装配率超过 50%，智能网联汽车的占比逐步提升，交通效益初步体现，有效降低了交通事故的发生率，同时减少了汽车尾气的排放。

DA、PA、CA、HA、FA 为自动驾驶汽车的五个分级，用于表征自动驾驶汽车自动驾驶的实现程度，具中最高级为第五级完全自动，是自动驾驶发展的最终目标（表 2-3）。

表 2-3　自动驾驶分级程度名词解析

DA	Driver Assistance	驾驶辅助
PA	Partial Automation	部分自动驾驶
CA	Conditional Automation	有条件自动驾驶
HA	High Automation	高度自动驾驶
FA	Full Automation	完全自动驾驶

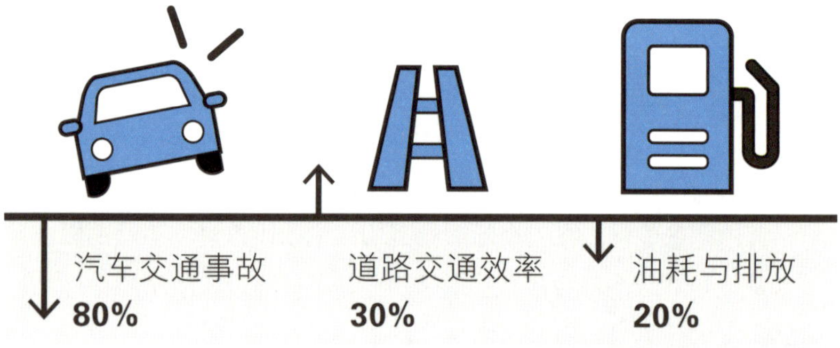

图 2-2 自动驾驶实施目标

2）第二阶段：快速发展期（2021—2025 年）

“十四五”期间，中国智能网联汽车的发展进入快速发展期（图 2-2）。

顶层设计方面，面向车辆的自主智能网联汽车产业链与智能交通体系将基本建成。在标准体系和能力建设方面，智能网联汽车标准法规体系、自主研发体系、生产配套体系及产业群等建设更加完善，自动驾驶系统关键技术基本被攻克。具体产品方面，产品技术达到了国际先进水平，形成包含传感器、控制器和执行器等核心产品体系，产品质量与价格均具有较强的国际竞争力，至少拥有一家供应量在世界排名前十的供应商企业。实现汽车全生命周期的“三化”（数字化、网络化和智能化）转型升级，智能网联汽车的国家信息安全强制认证成功实现，为汽车工业转型升级奠定基础。

第二阶段计划在市场应用方面最终实现以下目标。

（1）新车装配率达 80%，包括汽车 DA 级、PA 级、CA 级；

（2）新车装配率达 25%，包括 PA 级和 CA 级；

（3）HA 级、FA 级自动驾驶汽车开始进入市场。

在社会效益方面最终实现以下目标。

（1）汽车交通事故减少 80%；

（2）普通道路的交通效率提升 30%；

（3）汽车油耗与排放分别降低 20%。

表 2-4　我国智能网联汽车发展阶段

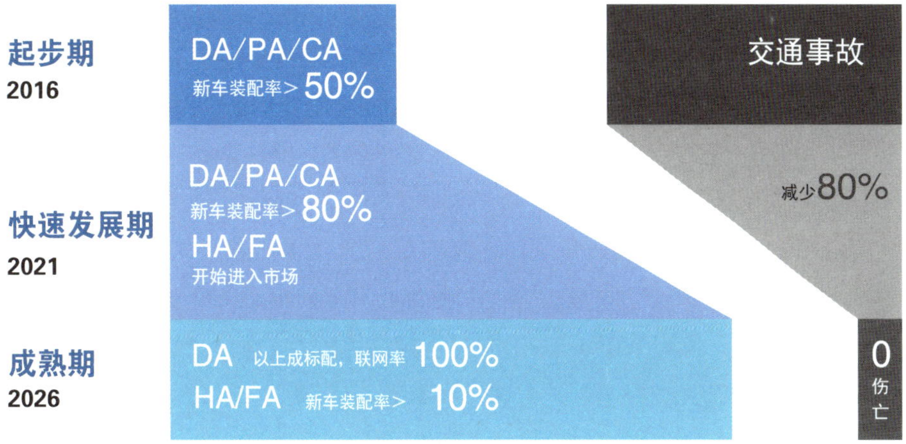

3）第三阶段：成熟期（2026—2030 年）

经过“十四五”期间的快速发展，中国智能网联汽车的发展将逐步进入成熟期。成熟期的智能网联汽车在不同层面都将有较大幅度的提升。完善的自主智能网联汽车产业链与智能交通体系将在这一时期建成。

在标准体系和能力建设方面，智能网联汽车相关的标准法规体系、研发体系、生产配套体系更加完善，我国拥有自主知识产权的自主品牌智能网联汽车企业具备国际竞争力，核心零部件研发技术和生产能力世界领先，智能网联汽车及相关周边产品可以实现大规模出口。车路协同模式完善，智能汽车与智慧道路之间高效协作，共同发挥车路协同最大效率。在市场应用端方面，网联汽车渗透率达 100%，汽车 DA 级及以上级别的智能驾驶系统成为新车基本配置；HA 级、FA 级自动驾驶技术在新车的渗透率不低于 10%。在社会效益方面，“零伤亡、零拥堵”的智能交通体系在局部区域形成并逐渐推广，在全国更大范围内，交通运行效率得到较大程度改善，交通事故率与能耗排放大幅降低。

2.2.2 国内智能网联汽车发展目标

2020 年 2 月，国家发改委等十一部委联合发布《智能网联汽车创新发展战略》，这是我国从顶层设计层面，形成顶层设计规划，提出具体建设目标：“到 2025 年，中国标准智能网联汽车技术创新、产业生态、基础设施、法规标准、产品监管和网络安全体系基本形成；实现有条件自动驾驶的智能网联汽车达到规模化生产，实现高度自动驾驶智能网联汽车在特定环境下的市场化应用；车用无线通信网络实现区域覆盖，新一代车用无线通信网络逐步开展应用，高精度时空基准服务网络实现全覆盖。远期至 2050 年，中国标准智能网联汽车体系全面建成，安全、高效、绿色、文明的智能网联汽车强国愿景逐步实现。”

2.2.3 国内智能网联汽车体系架构

新时代，人民日益增长的美好生活需要对交通出行提出了更高的要求，实现安全、高效、绿色、文明的智能网联汽车强国愿景，需要重点打造和构建如图 2-3 所示的六大体系。

图 2-3 六大体系

1）协同开放的智能网联汽车技术创新体系

智能网联汽车的技术创新体系主要包括三个方面：突破关键基础技术、完善测试评价技术和开展示范试点应用。

关键基础技术主要是指具有决定性的技术基础，具体包括：①前瞻基础性技术，涵盖复杂系统体系架构、复杂环境感知、智能决策控制、人机交互及人机共驾、车路交互和网络安全等；②共性交叉技术，涵盖新型电子电器架构、多源传感信息融合感知、新型智能终端、智能计算平台、车用无线通信网络、高精度时空基准服务、智能网联汽车基础地图和云控基础平台等。

测试评价技术主要是指实验、测试评价的能力，通过研发虚拟仿真、软硬件系统，结合仿真、实际道路测试等，建立、健全智能网联汽车测试流程和评价体系，积累测试基础数据库，形成企业、第三方技术试验及安全测试评价机构的能力。

示范试点应用是指通过推动有条件的地方开展城市级的智能网联汽车大规模、综合性应用试点，支持优势地区创建国家车联网先导区。在特定区域内开展测试运行及示范应用，用以验证车辆环境感知准确率、决策控制合理性、场景定位精度、智能网联汽车基础地图服务能力、系统容错与故障处理能力以及“人—车—路—云”协同效率等。

2）跨界融合的智能网联汽车产业生态体系

智能网联汽车的产业生态体系包括四个方面，分别为：产业竞合、军民融合、生态建设和市场主体。

产业竞合主要包括与车载高精度传感器、智能计算平台、车载智能终端、车规级芯片、智能操作系统和智能网联汽车关键零部件等产品领域的企业开展竞争或合作，通过竞争与合作形成拥有强大生命力和竞争力的产业集群。

军民融合主要指军用技术转化为民用制造体系及相关产品系列，典型产品如车辆电子控制、高性能芯片、北斗导航定位、高分辨率对地观测系统应用、激光雷达、微机电系统、激光 / 毫米波雷达和惯性导航系统等。

生态建设主要指出行服务、金融保险新业态和数值增值，包括道路智能设施、高精度时空基准服务、车联网、网络安全、智能网联汽车基础地图等方面内容。

市场主体应形成一种新的模式，具体是指零部件企业对应关键系统集成供应商，人工智能企业对应系统解决方案领军企业，信息通信企业对应数据服务和无线通信网络运营商，基础设施企业对应智慧城市交通方案供应商。

3）先进完备的智能网联汽车基础设施体系

智能网联汽车的基础设施体系（图 2-4）包括高精度时空基准服务、大数据运控基础平台、道路交通地理信息系统、车用无线通信网络、智能化道路基础设施和智能道路交通管理网络等。

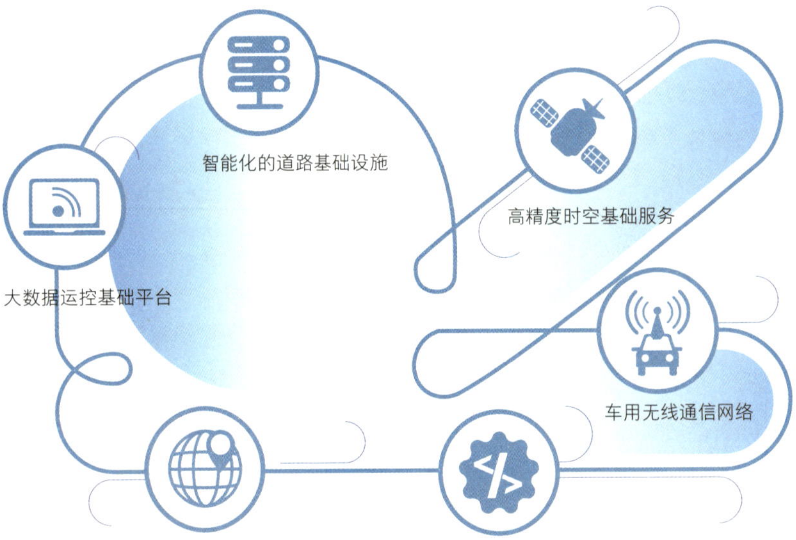

图 2-4　先进完备的智能网联汽车基础设施体系

4）系统完善的智能网联汽车法规标准体系

智能网联汽车的标准体系包括多方内容，其中法律法规是基础，技术标准是核心，行业内认证认可是关键。

法律法规包括与智能网联汽车相关的行为准则、安全管理、责任认定和处置规则等，如“机器驾驶人”的责任认定、数据管理权责划分以及测试、准入、使用和监管等方面的法律规范等。

技术标准包括技术标准规范和运行使用规范。其中，技术标准规范包括制定车载关键系统、智能网联汽车基础地图等共性基础、跨界融合的技术标准规范；运行使用规范包括中国标准体系以及产品认证、测试评估、使用管理技术标准及规范等。

行业内认证认可包括企业自评估、报备和第三方技术检验相结合的评估认证机制，并逐步完善认证体系与认证规则，使其尽可能受到智能网联生态圈相关用户与企业的认可，建立产品和市场的权威性、公平性与规范性。

5）科学规范的智能网联汽车产品监管体系

智能网联汽车产品监管体系是确保智能网联汽车相关产品规范的关键环节，其内涵包括建立监管机制和事故报告机制，完善使用管理规定，加强安全研发、生产和进出口的监管，完善生产、准入、销售、检验登记和召回等管理规定，加强场地测试、公共道路测试管理等。

6）全面高效的智能网联汽车网络安全体系

智能网联汽车网络安全体系（图 2-5）包括安全管理联动、网络安全防护和数据安全监管 3 个方面。

安全管理联动包括完善网络安全管理制度，建立覆盖产业链关键环节的安全责任体系，以及建立网络安全监管机制等。

网络安全防护包括但不限于加强关键电子零部件的安全检测、实施统一身份权限认证管理、建立北斗系统抗干扰和防欺骗安全防护体系等。

数据安全监管包括建立覆盖数据全生命周期的安全管理机制，完善数据安全管理制度，开展数据风险、数据出境安全等评估。

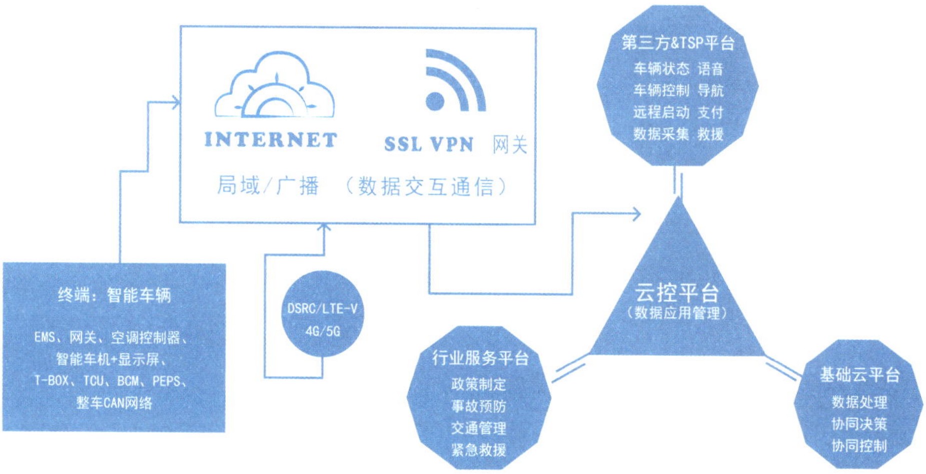

图 2-5 智能网联汽车网络安全体系

图 2-6　基于智能基础设施的智慧化城市

2.3 国内应用场景

Domestic Application Scenario

2.3 国内应用场景

2.3.1 城市服务

城市服务应用类场景包含无人驾驶配送车、无人驾驶环卫车、无人驾驶环境消杀车、无人驾驶客货运服务车以及无人驾驶微循环接驳公交车等应用场景。

1）无人驾驶配送车应用场景

通过智能网联技术，可实现车辆的无人配送服务，以解决快递、外卖配送最后 3 km 的问题，餐箱还需配备保温、保冷功能。

特别是在新冠肺炎疫情封控期间，因为“足不出户”的管控要求，生活物资送抵小区入口之后，如何运抵居民的家中，是物流配送环节的末端问题。采用迷你型无人驾驶车辆，就能将物资进一步送抵每一栋楼下，解决物资最后 100 m 的配送问题，有效保障居民生活物资供应。

2）无人驾驶环卫车应用场景

城市服务中，道路、公园等公共空间清扫作业工作十分繁琐，通过使用智能网联汽车，就能实现环卫车的无人驾驶清扫功能，深入到大街小巷、人行道辅道、公园景区等城市“毛细血管”。

3）无人驾驶环境消杀车应用场景

敞开式的城市大型公共空间的消毒，通常依赖于运输车辆的运输服务，若采用无人驾驶车辆车载消毒手段，就能够实现“无人化”消毒，减小工作人员暴露在风险环境的可能性。

尤其在新冠肺炎疫情期间，机场、火车站、地铁站等公共交通场所以及大型商场、体育场等公共场所是疫情防控需要持续关注的重点。由于这些场所具有空间复杂性、人员流动性等特征，因此需要及时对相关场地和设施进行消毒工作。如果完全依靠人力进行消毒，存在强度大、风险高等问题。这种场景下，可以利用小型化的无人驾驶消毒车对场所进行消毒。

4）无人驾驶客货运服务车应用场景

（1）无人驾驶出租车

无人驾驶出租车为大众出行提供了一种无接触式的、私人定制化的出行方式，能够最大程度地提高人们的出行效率。特别是在如疫情封控、出行需求总量并不大的时候，无人驾驶出租车能够满足大多数特殊、紧急的出行需求服务，一定程度上保障城市的正常运转。

（2）无人驾驶迷你巴士

如果近期内私人化无人驾驶出租车的出行成本可能存在过高的问题，那么小运量的无人驾驶迷你巴士可为少量集中出行人员提供一种性价比更高的交通出行方式。无人驾驶迷你巴士可同时接送具有相似属性的出行者，例如同一医院的医护人员、同一公司的工作人员等，在解决其日常出行需求的同时，能兼顾出行成本的经济性。

（3）无人驾驶重卡运输

相应的无人驾驶重卡运输服务技术已经在开展示范应用。例如上海洋山深水港智能重卡项目已经实现了物流运输过程中的“无人化”驾驶。

（4）无人驾驶微循环接驳公交车

基于“出行即服务”（Mobility as a Service，MaaS）理念，结合城市骨干公共交通所开辟的无人驾驶微循环接驳车，打通了公共交通最后 1 km 的出行问题，提供了高效、集约的出行服务。

（5）安保巡逻服务

疫情期间，由于出行受限，城市街道的安保巡逻工作也受到一定影响。但城市街道环境和设施安全性也是在疫情期间需要关注的重要内容，无人驾驶技术为 24 h 无间断、持续性的安保巡逻提供了解决方案。借助无人驾驶的运输技术，并结合高清摄像、信息传输等技术，实现了危险环境的观测与识别，完成了安保巡逻工作。

上海洋山深水港智能重卡

上海洋山深水港智能重卡项目：该项目综合应用了激光雷达、机器视觉、人工智能、北斗导航、5G-V2X 车联通信等先进技术，打通了从电控底盘、发动机到智能驾驶系统的完整控制闭环，成功实现了在港区特定场景下的 L4 级自动驾驶、厘米级定位、精确停车（±3 cm）、精准倒车、与自动化港机设备的交互以及东海大桥队列行驶等功能。卡车基于 5G 和 V2X 技术，智能重卡（图 2-6）可在 20 ms 内组建车队，开启队列行驶，实现包括交互通信、自动跟车、车道保持、绕道换行、紧急制动等功能（图 2-7）。车辆速度可达 60 ~ 80 km/h，队列行驶间距约为 15 ~ 18 m。

图 2-7　洋山港智能重卡

无人驾驶助力疫情物资配送

2022 年 4 月份，在浦东康桥的美团站点门口，美团京东无人车投入上海“战疫”（图 2-8）。车辆一次性载重超 150 kg，通过无接触配送，可以缓解当下上海社区抗疫中“最后一公里”配送难题，让上海市民更安全地收到防疫物资。具体操作流程为：站点工作人员会先将订单放入车厢内，在车门关闭后，车辆将自主行驶至社区内用户单元楼下，由驻守在楼下的志愿者从车内取出，每完成一次配送后，工作人员都会及时对车内外进行全面消毒，减少隐患。单量车一次配送 10 户左右，全天运营。

图 2-8　美团京东无人车投入上海“战疫”

2.3.2 商办服务

智能网联汽车可以让人们在行进的汽车内随时随地购物并支付，应用场景包括网上商场、快餐店、加油站及停车场等。另外，智能网联技术可利用无线通信技术和网联技术进行文件传输、视频对话、会议交流等，智能网联汽车就好似一个移动办公室（图 2-9）。

影像自动云存储场景能够获取车辆及其周边的静态和动态信息，智能网联汽车可以将停车期间车辆的异动情况，自动拍照后发送到车主的手机上，对恶意损坏或偷盗行为进行报警。同时，通过“抓拍视频”和“拍照”功能，司机还可以从车联网设备上获得交警发布的实时交通信息。此外，在交通拥堵的时候，司机还能看到前方路口的红绿灯状态和实时影像。

生活服务方面，相比当今的传统汽车，智能网联汽车能够提供保险、保养、剩余油量（电量）以及服务区距离等自动提醒功能，同时还可实现车辆后备箱收发快递等功能，甚至最终发展到无人驾驶的阶段。

图 2-9　商务生活应用场景

2.3.3　信息娱乐服务

如图 2-10 所示，智能网联汽车可以提供各种信息、娱乐、预约、应急服务等，其中信息服务包括获取并提供车辆信息、路况信息、交通信息、导航信息、定位信息、气象信息、旅游信息、商场信息、活动信息等；娱乐服务包括下载音乐、电影和游戏等，供乘坐人员娱乐；预约服务包括活动预约、设施预约、餐厅预约、住宿预约、机票预约、保养预约等；应急服务包括道路救援、救护、消防、保险等。随着各种可通过智能手机和车载单元连接的车载专用应用程序的开发，实现信息互联，拓展汽车的娱乐服务功能。

图 2-10　信息娱乐服务应用场景

2.3.4 系统支持服务

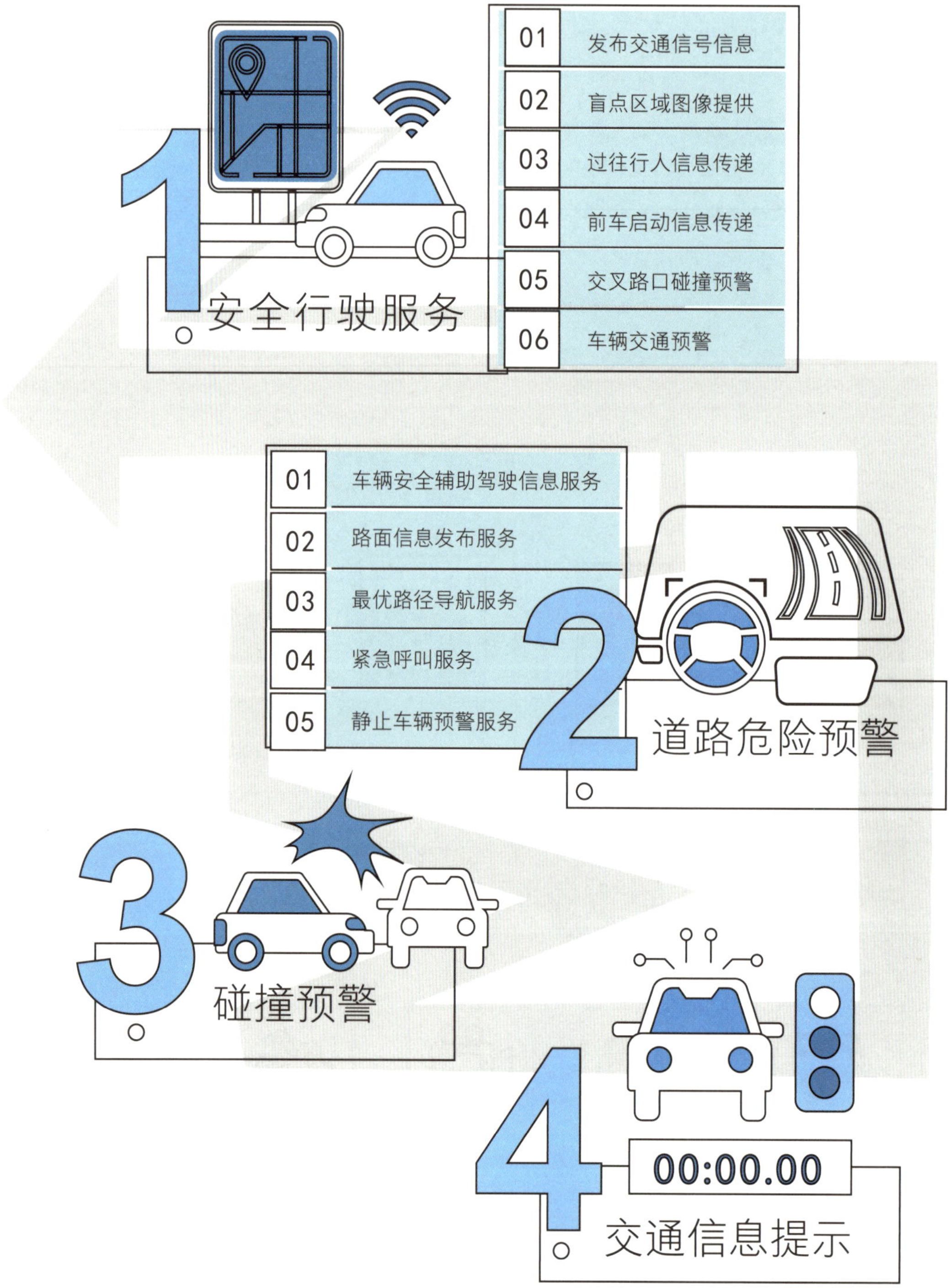
1
安全行驶服务
01 发布交通信号信息
02 盲点区域图像提供
03 过往行人信息传递
04 前车启动信息传递
05 交叉路口碰撞预警
06 车辆交通预警
2
道路危险预警
01 车辆安全辅助驾驶信息服务
02 路面信息发布服务
03 最优路径导航服务
04 紧急呼叫服务
05 静止车辆预警服务
3
碰撞预警
4
交通信息提示
00:00.00

1）安全行驶服务

安全行驶是智能网联汽车应用的主要功能。智能网联汽车基于驾驶技术、车辆预警报警机制、道路危险预警以及碰撞预警等技术的协同融合，实现了汽车与汽车、汽车与行人、汽车与周围环节的交互，最终实现了汽车和道路环节的驾驶安全性。其中，交叉路口协助驾驶是智能网联汽车最广阔的应用场景。

① 发布交通信号信息：

基于车辆与基础设施通信（Vehicle to Infrastructure, V2I），接近交叉路口的智能网联汽车车主能收到交叉口信号相位和配时信息，对是否能在剩余绿灯时间内安全通过交叉路口做出正确判断，控制车速，避免危险驾驶，从而可有效降低交叉路口碰撞事故发生的概率。当车辆缓缓驶向交叉路口时，智能网联汽车会收到来自路侧平台发出的道路交通以及信号灯数据，数据返回到车载通用平台后，会得到建议的驾驶车速，从而使车辆可以安全地通过交叉口。这种情况与常规的驾驶行为相比，车主可借助车联网获得更准确的驾驶策略信息，进而获得一个最优的行驶方案。

V2I（Vehicle to Infrastructure），是指车辆与基础设施之间进行信息交换。
V2X（Vehicle to X），X 代表基础设施 (Infrastructure)、车辆 (Vehicle)、行人 (Pedestrian) 等，V2X 是指车辆与交通环境中的各种设施和参与者之间进行信息交换。

② 盲点区域图像提供：

基于 V2I 通信技术，智能路侧设备可以向那些准备在交叉口停车或者转弯的车主提供盲点区域的图像和影像资料，以保证行车安全性。

③ 过往行人信息传递：

在能见度极低的夜间驾驶车辆的时候，车辆很容易撞到其他车辆或者周围建筑物，造成交通事故。通过 V2I 通信，就能提前向接近交叉路口的车辆发布人行道及其周边行人、非机动车信息，有效防止事故发生。

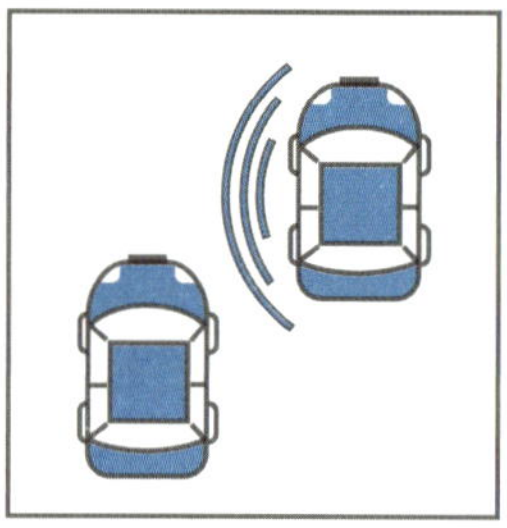

④ 前车启动信息传递：

在交叉路口，基于 V2I 通信技术，前面的车辆可以把车辆即将启动的信息传送给后面的车辆，避免后面车辆的起步等待时间过长，从而提升整个交通网络系统的通过能力。

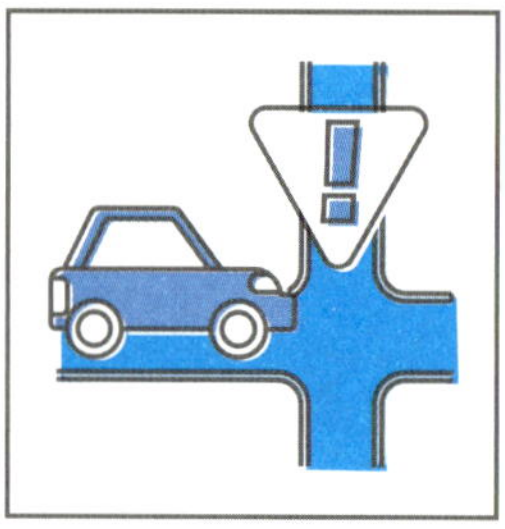

⑤ 交叉路口碰撞预警：

我国道路交叉口交通路况极其复杂，非常容易出现交通违法行为，行驶车辆可通过车对车通信技术（Vehicle to Vehicle, V2V）来获得不同方向来车的行驶状态信息，及时发出碰撞的预警提示。

⑥ 车辆交通预警：

行驶中的智能网联汽车车辆可及时获得周遭车辆的减速、加速、超车或转弯等交通信息，并反馈给车主或云端，从而有效辅助车辆安全行驶。

前方道路若发生交通事故或正在进行道路施工，路侧平台可提前发送提醒或警示信号，车辆结合车载传感器信息提前进行减速或绕行通过，避免发生道路拥堵，并降低车辆发生二次事故的几率。

针对会车场景，远近光灯自动切换，在夜间行驶状态下，通过 V2V 技术，会车的对向车辆可以保持通信，并在一定距离内配合光照感应，相互自动关闭远光灯，以提高会车安全。

当前方车辆是公交车、大型货车等相对车速较慢的车辆的时候，可以运用 5G-V2V 技术对这些车辆的后方车辆提供警示信息，以避免后车因对前车车速判断错误而发生追尾（图 2-10）。

图 2-10　夜间会车场景

（图片来源：http://bangqu.com/E49586.html）

2）道路危险预警

在危险道路路段，智能网联系统可以提供以下信息并发布预警服务。

① 车辆安全辅助驾驶信息服务：

即路侧单元检测到前方道路发生交通堵塞、发生突发事件或存在路面障碍物时，将通过 V2I 通信系统向驾驶员提供实时道路信息。

② 路面信息发布服务：

即向过往车辆发布路面状况信息，提醒驾驶员注意减速，防止事故。

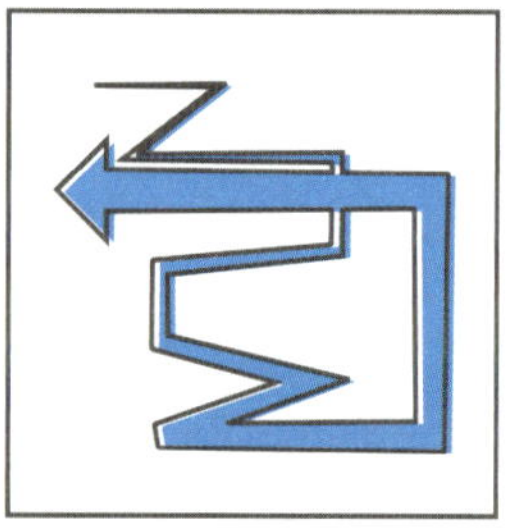

③ 最优路径导航服务：

即路侧单元检测到前方道路拥堵严重时，通过 V2I、V2V 和车载信息显示系统，提醒驾驶员避开拥堵道路，并为其选择最佳的行驶路径。

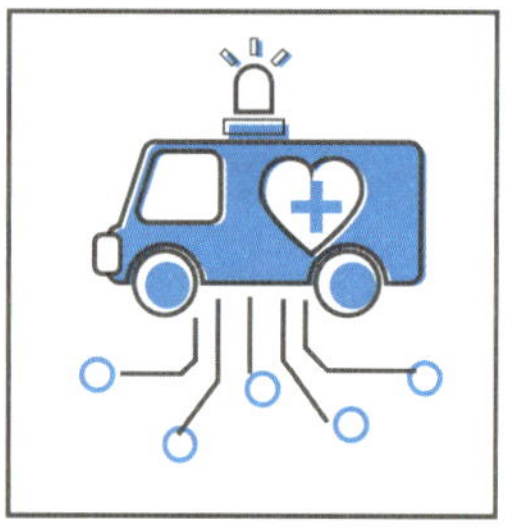

④ 紧急避险服务：

即当路侧平台检测到道路上有救护车等特种车辆行驶时，将根据救护车和其他车辆实时上报的车速、位置等行驶数据，将救护车预警信息广播给行驶路线上的其他所有车辆，实现提前避让，以提高救护车等特种车辆的通行效率。与单车自动驾驶相比，这个场景直观体现了网联的优势。

⑤ 紧急呼叫服务：

在山区公路以及人烟稀少的地方，一旦发生交通事故，车辆驾驶员很可能因昏迷而无法求救，如果车辆的紧急呼叫系统能自动将求救信息发送到救援呼叫中心，无疑将起到巨大作用。在这一背景下，自动紧急呼叫系统（e-Call）率先在欧洲兴起，但是尚未全面普及。自 2018 年 3 月 31 日起，欧洲强制所有新车必须配备 e-Call 系统。目前，e-call 系统并不依赖于 5G 技术，但是未来则可以由 5G 网络来承载。

⑥ 静止车辆预警服务：

车辆在高速公路上行驶时，车速非常快，刹车有效距离为 100 ~ 150 m，此时如果前方车辆忽然抛锚或者因碰撞而停在公路中间，很可能发生二次事故。据相关统计显示，每年冬季的雨雪天气，都会因为这种情况而导致大面积追尾。针对这一情况，智能网联汽车能够将事故车辆的信息同步告知路侧单元（Road Side Unit，RSU），再通过 5G-V2V 告知周边 1000 m 范围内的其他车辆，以降低二次事故的发生概率。

e-Call 系统：其工作原理是，在发生车祸时，车载系统自动拨打紧急呼救电话，同时通过语音通道将车祸相关信息发送到呼叫中心，包括车辆的型号、类型、诊断信息以及位置信息等。

3）碰撞预警

当智能网联汽车检测到存在发生碰撞风险时，通过 V2V、V2I 通信系统向车辆发送危险预警信息，如障碍物的位置、速度、行驶方向等，避免发生车辆与车辆之间、车辆与其他障碍物之间的碰撞，以及避免相邻车道上，因车辆变道而发生的横向碰撞等。

4）交通信息提示

智能网联汽车可主动向车辆发送交通信号灯和交通标识等安全提示类信息。目前交通信号和交通标识是驾驶员通过目视获得的，这不仅增加了驾驶员的负担，而且由于从发现到采取应对措施时间短，因此容易造成交通事故或产生交通违法行为。借助 V2I 技术，路侧单元可将道路限速、限行、信号灯状态等信息传输到车载单元上。车载单元可根据这些信息，及早发布提示信息，例如超速提醒、执行提醒等，增加驾驶舒适性的同时，降低交通违法数量。安装车道保持辅助系统（Lane Keeping Assist，LKA）的智能网联汽车，当车辆偏离行驶道路时，通过道路识别，LKA 系统将自动启动，将车辆导入回原车道，以避免交通事故的发生。

智能网联汽车可通过雷达、机器视觉等技术手段，提前预知交通控制信号、前向交通流、限速标识、道路坡度等信息，并通过车辆控制器实行经济型驾驶策略，实现车辆的节能与环保行驶。

智能网联汽车在连续交叉路口通行系统中，车载单元通过获取交通信号灯信息、位置信息、车流汇入信息等，计算出优化的车速，控制油门和制动系统，控制车速，以确保在安全的前提下高效通行并降低油耗，节约车辆燃油的同时，减少尾气排放。

智能网联汽车还能够实现自动驾驶编队功能。通过 5G-V2V 技术，物流驾驶编队车辆可以借助定速巡航实现自动驾驶。与此同时，自驾游车队、城市婚礼车队等都可以通过 5G-V2V 实现编队功能，这将有望成为未来编队型无人驾驶的雏形。

上海嘉定智慧车列

嘉定新城智慧车列交通系统示范线以沪宜公路（陈翔路至叶城路）的合乘车道作为道路基础，利用智能网联汽车技术，实现了一种新的机动车交通组织方式，智慧车列交通系统基于车路协同、人工智能等技术，采用不同车型的智能网联车辆组成车列，在城市道路上保持匀速协同运行，通过乘客预约制，实现运量大、速度快、点对点运送。

从沪宜公路陈翔路路口到沪宜公路叶城路路口，全长 8.2 km，共 22 个交叉路口，原本需 20 多分钟车程，在构建智慧车列示范线后，能够实现全程保持 60 km/h 的道路运行车速，全程用时不到 9 min，大幅度节约出行时间、通行效率成倍提升。

2.4 国内创新发展战略措施

智能网联汽车创新发展战略措施包括加强组织实施、完善扶持政策、强化人才保障、深化国际合作和优化发展环境（图 2-12）。

加强组织实施指的是成立国家制造强国建设领导小组车联网产业发展专项委员会、培育智能网联汽车创新发展平台等新型市场主体、组织相关领域知名专家学者和机构开展咨询服务。

完善扶持政策指的是出台促进道路交通自动驾驶的发展政策、支持基础共性关键技术的研发和产业化、支持智能交通 / 智慧城市基础设施的建设、强化税收金融的政策引导、利用金融租赁等政策工具。

强化人才保障指的是建立重大项目与人才引进联动机制，推动汽车与信息通信、互联网等人才交流和深化产教融合。

深化国际合作指的是鼓励国内外企业加强产业合作、支持国内企业加快国际市场布局、鼓励外企参与智能网联汽车产业发展、搭建国际产业合作平台、参与国际和区域标准制定，以及国内外交流合作。

优化发展环境指的是加强产业投资引导、加大监管执法力度、加强知识产权保护和完善信用规范。

图 2-12　智能网联汽车创新发展战略措施

第3章 技术
Chapter 3 The Technology

3.1

“聪明车”关键技术

Key Technology of Smart Car

3.1 “聪明车”关键技术

3.1.1 全要素感知定位与高精度地图

现如今我们日常中使用的地图可以给我们提供很多信息，方便我们出行。我们能从地图上寻找对应的目标地点，根据道路拥堵情况规划我们的路线，也能够了解到道路的大致状况，寻找正确的行驶方向。但现在使用的地图大多只能够对驾驶起到辅助作用，自动驾驶和车路协同需要应用其他的技术才能达到与人类驾驶行为相同的效果。恰好计算机的一个优势就是精细，它会完全按照我们精细化的命令执行，高精度地图的精细程度可以保证车辆安全、顺畅地行驶（图 3-1，表 3-1）。

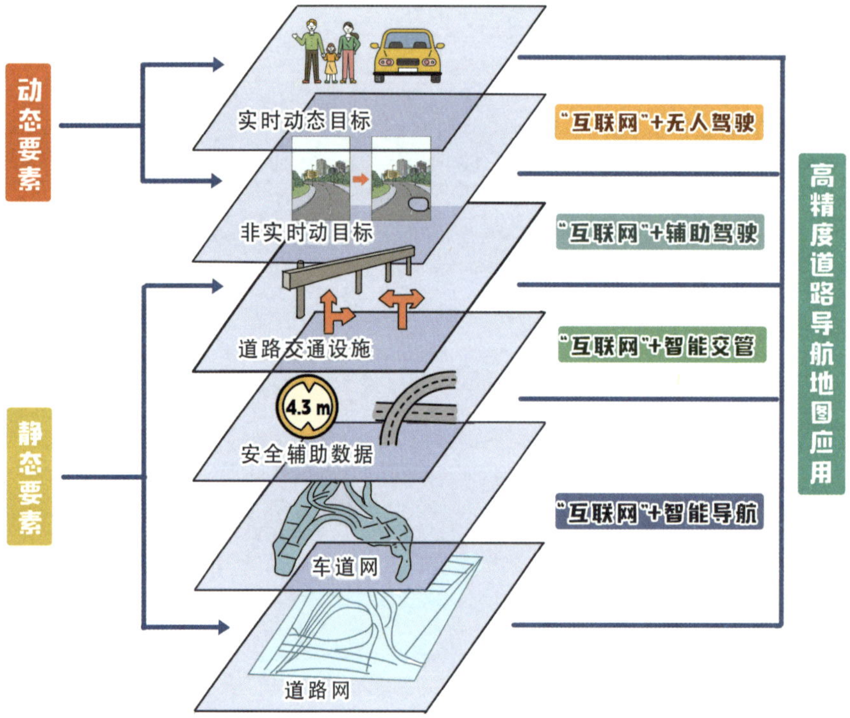

图 3-1 高精度地图应用

表 3-1　高精地图与传统地图的区别

高精度地图	传统地图
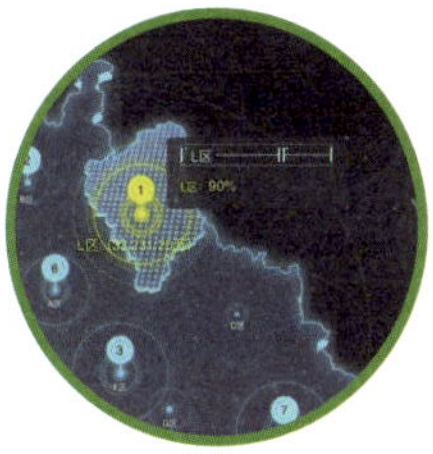	
1）精度高 可以达到厘米级别	精度是米级别， 商用的GPS精度约为5 m
2）数据维度丰富 除了能够表达传统地图所拥有的信息外，还能够提供车道线类型、车道宽度等车道相关属性，能够辅助进行车道级控制。高精度地图还可以清楚地分辨车道线、路边地标等细节。	只记录道路级别的数据，包括道路形状、坡度和曲率等
3）作用与功能强大 具有“高精度+高动态+多维度”的特性，能够为自动驾驶提供自变量和目标函数功能，提高道路与交通参与者的互动性。	有辅助驾驶的导航功能，本质上同传统经验的纸质地图功能类似
4）适用对象广泛 面向自动驾驶汽车等智能设备	面向驾驶员
5）实时性高 达到半动态数据（1 min）和动态数据（1 s），数据实时性的要求极高。	达到半永久静态数据（1 h）的要求

高精度地图被认为是“无人”操纵的传感器，相对普通的传感器，在监测静止障碍物时，高精度地图存在以下的优点：①所有方向都可以实现无限广的范围；②不受环境、障碍物的干扰影响；③可以“检测”所有的静态及半静态的物体；④不过多占用传感器的处理能力；⑤自动保存已检测到的物体的逻辑，包括复杂的关系。

3.1.2　车辆传感器融合技术

智能网联汽车的传感器相当于人类的感知器官，拥有感知的能力。对驾驶员来说，多种感知器官的配合需要一定的专注度才能保持良好的驾驶行为，确保驾驶的安全性和舒适性。驾驶员通常可以同时接收多方面的信息，包括不同方向、不同内容和不同感官等。对于需要取代驾驶员的智能网联汽车来说，也应该有能够替代甚至效果更好的“综合感知”能力。恰恰车辆传感器融合技术能够起到这个至关重要的作用（图 3–2）。

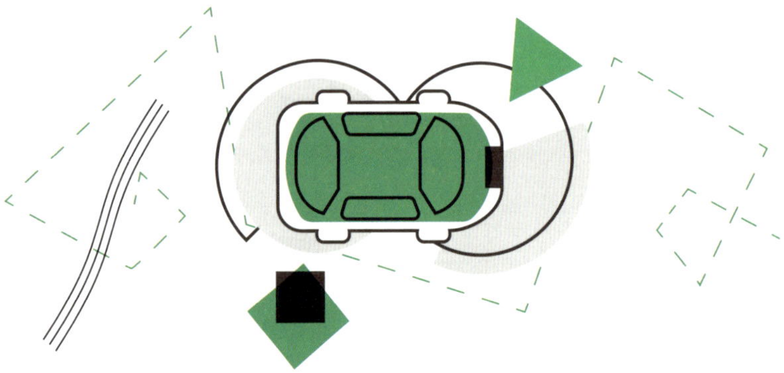

图 3–2　车辆传感器相互融合

车辆智能化的水平越高，车辆上的融合传感器数量与种类就越多。为确保安全性，需要对传感器进行数据融合。多传感器结合能够明显提高系统的冗余度和容错率，进而提高系统的控制效率和准确性。这是自主驾驶技术向更高级的驾驶方式演变，最终达到“无人”驾驶的发展趋势。

智能汽车感知系统需要用以下技术：

■ 计算机视觉

智能网联汽车机器视觉包括 4 个方面：

①感知：对感知范围内的事物进行探查，找出物体在环境中的位置；

②分类：对探查到的物体进行分类识别，辨别出物体的具体属性；

③追踪：对特定的目标车辆进行追踪，并随时间推移观察移动物体；

④分割：将图像中的每个像素和语义按类别进行匹配。

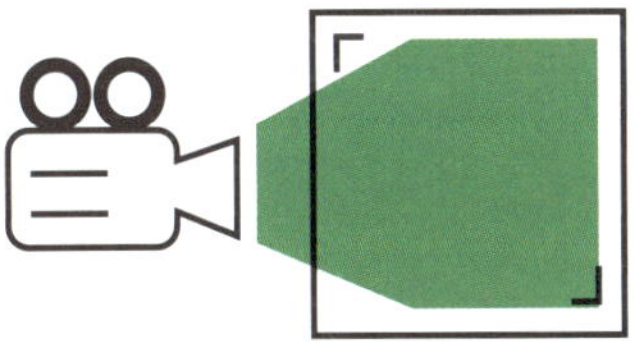

■ 摄像头图像

对于计算机来说，图像通常用图像矩阵和像素网络来表示。智能网联汽车对于图像的处理需要对其进行分类，并融合成一幅完整的图片。

■ 激光雷达

智能网联汽车使用的激光雷达与舰船、飞机使用的无线电波导航，以及水下物体探测所使用的声音导航非常相似，它们都使用波的反射原理来对物体进行探测和测距。激光雷达在车辆的大多数应用中，除了应用于远距离测量外，还通过在物体上或环境中连续发射激光束，来完成光束发射所在环境或物体的 3D 地图创建。

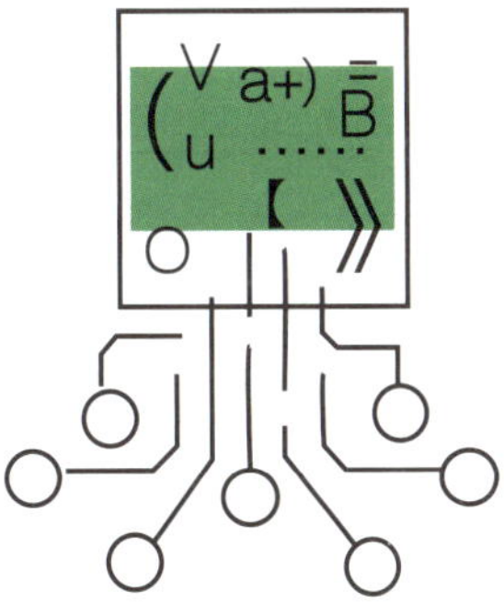

■ 人工智能算法

智能网联汽车所应用的人工智能算法包括机器学习、反向传播算法等。

3.1.3 车辆智能决策技术

日常驾驶过程中，驾驶员不仅需要对所驾驶的车辆周围的其他车辆、路况、行人等方面信息进行感知，还需要对这些信息进行综合考虑，并对这些信息的处理快速做出决策。这些行为该如何让车辆自主实现呢？

对于智能网联汽车来讲，它们没有像人类一样发达的大脑，它们只有相对单一的思考方式，设计者给它们什么样的命令，它们就执行什么样的操作。要让智能网联汽车能够安全顺利地驾驶，就需要对它的“大脑”进行很好的智能设计，这样才能够让它胜任自主驾驶的工作。

智能网联汽车是结合了环境感知、行为判断及车辆控制等技术的复杂系统，其目的是判断车辆驾驶行为是否安全。智能驾驶行为决策技术通过整合环境和车辆的信息数据可以得到安全、科学的驾驶行为。而在现实行车环境中，干扰智能网联汽车行为判断的因素有很多，如交通规定的限制、对其他交通行为的不可预见性、不良气候条件等方面的影响，都会对车辆决策的准确性造成干扰。怎样才能最大限度地减少这些干扰，这是行为决策技术的研究重点。

智能决策技术以安全、舒适和节能为行驶目标，通过感知信息数据为自动驾驶车辆提供合理的智能决策。目前，自主驾驶在决策技术层面有两类方案：基于规则的方案与终端到终端的方案（图 3-3）。其中，基于规则的方案需要人工构造一个复杂结构进行阐释；终端到终端的方法是采用神经网络处理，让自主驾驶汽车产生类似于人的驾车方式。另外，终端到终端方案还将各种数学算法和理论模型应用到决策算法中，进一步提高车辆之间协作决策的效率。

自动驾驶汽车在进行决策规划时，会从环境感知模块中获取道路结构信息、实时交通信息和车辆自身状态信息等内容。结合以上这些信息，

图 3-3 智能决策的两类方案

决策规划系统对当前环境进行分析，然后对底层控制执行模块下达指令，这一过程就是决策规划模块的主要任务（图 3-4）。

不同复杂条件下的交通流通过信息传递影响规划任务的复杂性，然后确定智能驾驶行为。车辆的运动状态和周围环境信息实时处于被监控状态。当检测到当前道路拥挤时，需要重新规划、分解和调整新的路径。路径决策就像未来的智能大脑一样，实时地规划出最有利的方案，从而提高效率。换言之，自动驾驶汽车的行为决策与路径规划是依据环境感知和导航系统输出信息来制订的，通过一些特定的约束条件，多条可选的安全、快捷路径被规划出来，决策规划系统从中选取最优路径作为车辆行驶轨迹。

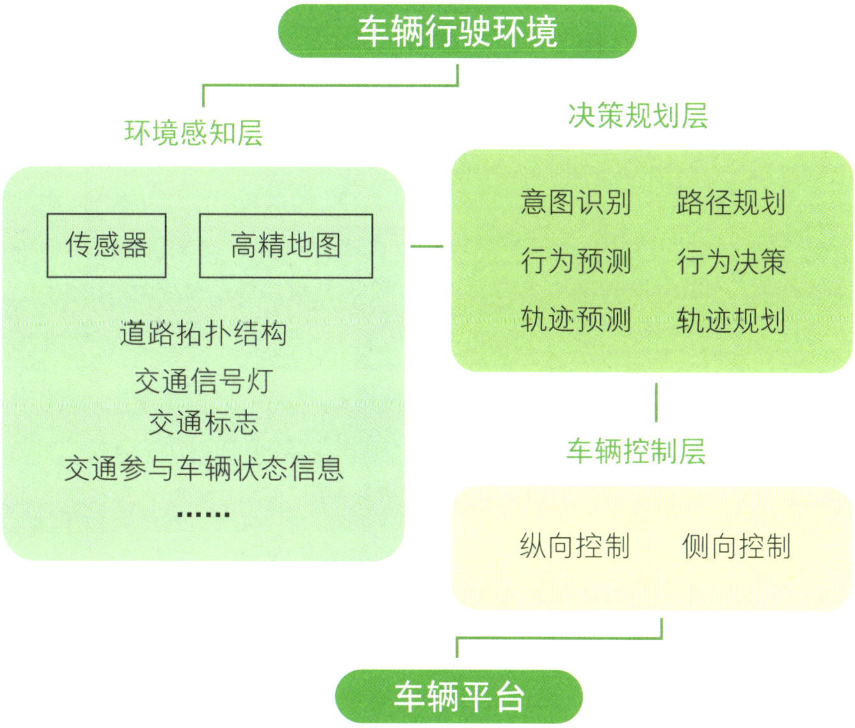

图 3-4　车辆智能决策步骤

3.1.4　车辆智能控制技术

车辆行为与轨迹优化技术将智能决策行为指令分解为带有时间信息的轨迹曲线，并基于轨迹获取车辆速度与方向，进一步优化车辆运行。车辆行为与轨迹优化技术旨在解决自动驾驶车辆的轨迹问题，包括：①车辆的行驶轨迹；②整条轨迹的时间信息和车辆姿态；③车辆换道引起的交通震荡轨迹分析。目前，多数自动驾驶汽车采用传统的控制方法，如模糊控制、自适应控制等。虽然中国自动驾驶车辆在控制技术上有一定基础，但与博世（BOSCH）、德尔福（DELPHI）等国外大企业相比，在许多方面仍有较大差距。

3.1.5 车辆通信技术与基础设施通信技术

在日常生活的驾驶中，我们开车时总会遇到一些不顺利的情况，比如前方车辆突然急刹车，这不但容易让驾驶员和乘客受到惊吓，也很容易发生交通事故，非常危险。由于后方驾驶员需要一定的反应时间，才能对前方车辆的刹车行为做出反应，且后续跟随的车辆都需要有一定的反应时间和减速时间，如果是在比较拥挤的情况下，就会造成大范围的拥堵。但如果车与车之间可以通信，让同一车道上的车辆保持同步，就可以让车辆间在保持较小车距的同时，减少因车辆不同步所产生的危险。如图 3-5 所示，如果一队车辆中的前面车辆能够通过别的设备告知后面车辆前方道路信息并且给予建议速度和车道，在有提前准备的条件下，后面车辆就可以以合适的速度缓慢地进行减速，如此一来，有利于提高道路通行效率。

基础设施与一切事物相连接（Infrastructure to Everything，I2X）、车辆与一切事物相连接（Vehicle to Everything，V2X）是重要的信息通信技术，用于实现道路、车辆和系统间的信息交互。其中，X 表示与之交互信息的某个对象，主要包含车、

图 3-5 车辆通信技术展示

人、路侧基础设施、云和网络。I2X 和 V2X 通信技术可以利用无线通信获得实时交通与驾驶信息，然后利用这些信息提高自动驾驶车辆的安全性与出行效率。

车联网正朝着高度自动化、网联化的趋势发展，信息通信技术将聚焦干智能网联汽车、自动驾驶等不同阶段的应用场景。V2X 作为信息交互的关键技术，可以为智能网联汽车实现信息共享与协同控制提供重要保障。

如图 3-6、图 3-7 所示，利用信息通信技术可以与周边车辆、道路、基础设施进行通信，从时空维度上扩大了车辆对周边交通环境的感知范围，车辆拥有了预测功能，能够提前获知周边车辆操作信息、交通控制信息以及视觉盲区等周边环境信息。

V2X 的即时通信功能可以在道路安全中得到应用。如果每辆车都具备了 V2X 通信功能，那么当前车踩刹车时，利用 V2X 技术，刹车信号会通过无线广播提醒后面几百米内的所有车辆，这样就给后面车的驾驶员预留了足够的刹车、变道时间，从而避免碰撞的发生。当然，利用 V2X 即时通信功能，还可以提高出行效率。当驾驶车辆经过红绿灯路口时，路边的智能

图 3-6 各设备间通信技术展示

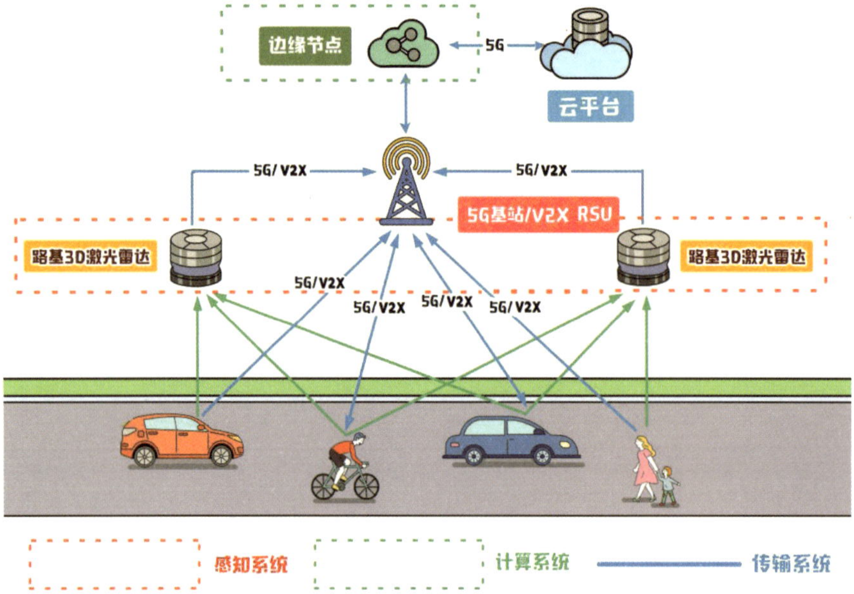

图 3-7　各设备间通信技术展示

设备会将当前红绿灯剩余时间的信息发送给周围的车辆，车辆接收到信号后，经过运算，自行判断是否可以不减速通过路口且避免了闯红灯，或减速停车等待下一个绿灯的情况。最有效提升出行效率的情景是，有效缓解节假日期间，由于市民集中出行所导致的交通拥堵情况的发生。如果充分利用车辆的即时通信功能，车辆就能提前获知道路信息，每辆车会采取恰当的方式选择相应的路线运行，从而合理分配每条道路的车辆，减少由于大量车辆涌入同一条道路而引起长距离排队的情况发生，有利于保障交通正常运行。

在未来的自动驾驶应用中，V2X 通信技术是一项感知周围环境信息的关键技术。它与传统车载感知设备优势互补，为自动驾驶汽车提供超强的环境感知能力。

3.1.6 车辆网络安全技术

如图 3-8 所示，当智能网联汽车的车载装置采用无线技术与其他设备连接后，网络安全风险必将出现。针对自主驾驶的网络安全，不同国家根据各国的情况有着不同的网络管理模式。2013 年，美国最先制定了首部汽车智能网联信息安全标准；之后，欧洲国家从汽车、信息平台与通信环境 3 个层级构建了智能网联信息安全的防护体系。在中国，车联网网络安全被划分为 4 个层面（图 3-9），分别是终端与设施安全、网联通信安全、数据安全和应用服务安全，以此实施对车联网网络的安全保障措施。

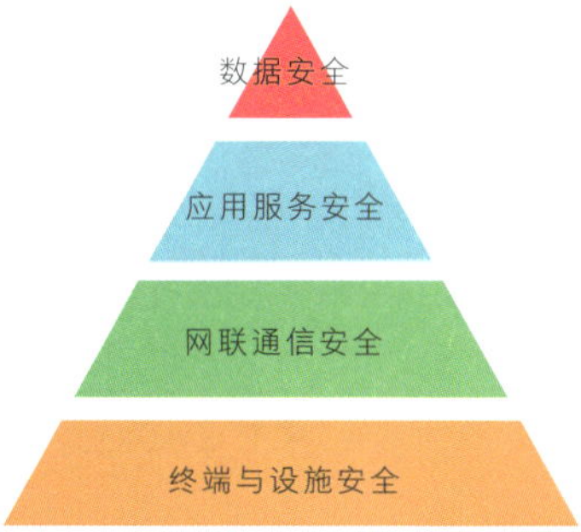

图 3-9 车联网网络

目前，正是车联网发展的关键时期，车联网的网络安全问题一直是业界关注的焦点。车联网作为未来智能交通发展前行的“铺路石”，在网络安全层面需加强安全保障，满足乘客出行安全、确保交通稳态发展。

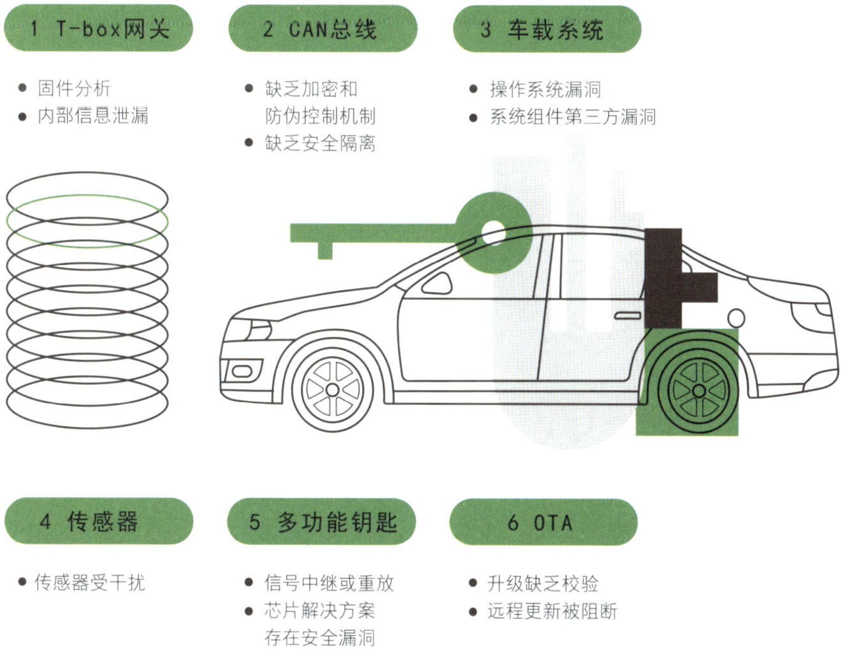

图 3-8 智能网联汽车网络安全威胁分析图

3.2 “智慧路”关键技术

Key Technology of Smart Road

3.2 “智慧路”关键技术

3.2.1 道路传感器融合及交通状态预测技术

与人类驾驶车辆的行为一样，自动驾驶与车路协同技术就是模仿人类驾驶车辆的行为并采集相关信息（图 3-10）。那么，如何让计算机像人类一样采集信息呢？

“无人”车身上装的雷达、摄像头等设备就像是“眼睛”，在行驶前方存在障碍物的时候，它能够发现前面的障碍物并及时避开，以提高车辆行驶的安全性。“无人”车不但可以辨别出障碍物，它还能够看清周围的其他所有事物，在行驶过程中，看到行人会主动避让、看到前方有交通指挥会遵守。

“无人”车是拥有高科技技术的先进产物，它可以实现车和人与道路之间

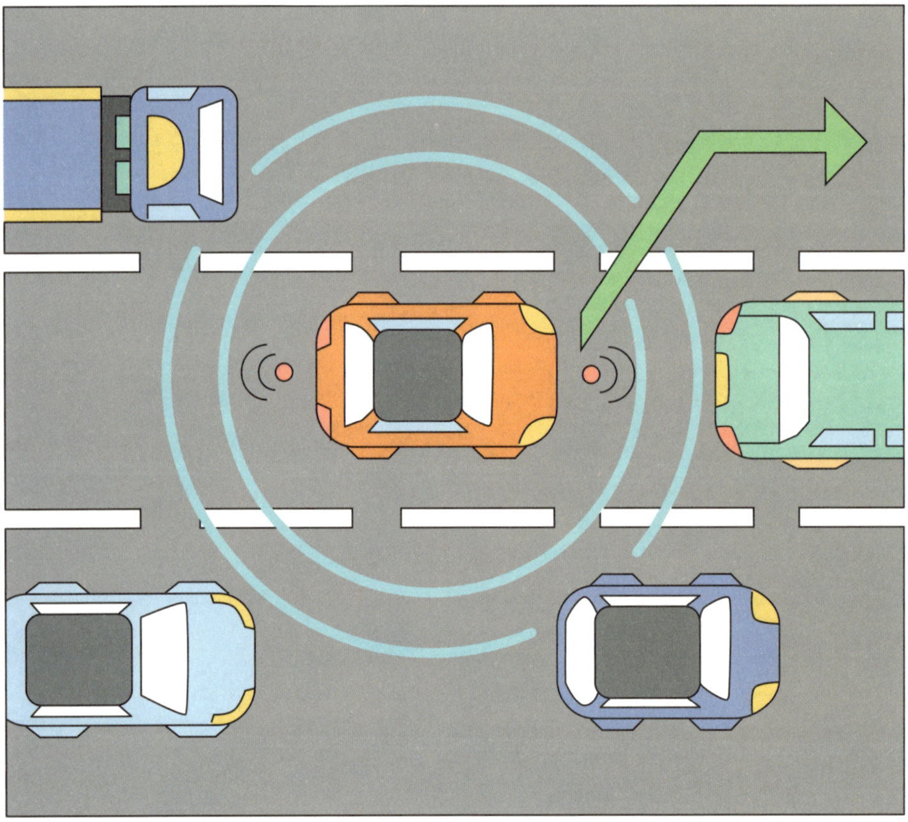

图 3-10　无人车模拟信息采集示意图

的“沟通”，利用这种先进的信息共享通信方式，可以创造一个安全舒适、高效节能的交通驾驶环境，并最终实现无人驾驶的新一代汽车。这类具备车路协同自动驾驶技术的车辆为智能网联汽车。

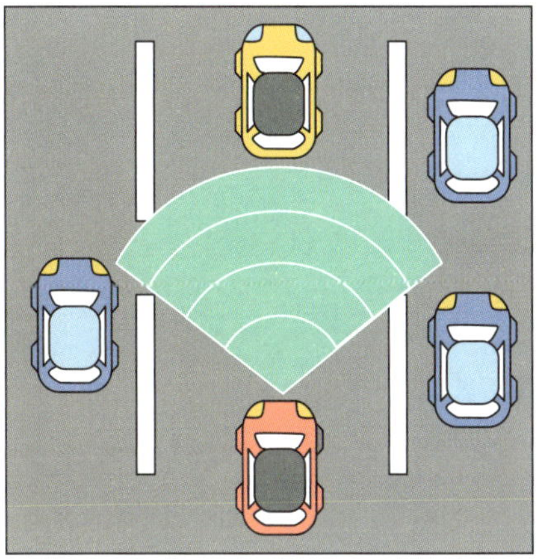

图 3-11 无人车模拟信息采集示意图

智能网联汽车利用“眼睛”观察周围的情况，通过“想象和计算”对周围的情况进行判断。类似于不同人的眼睛大小、视力的不一样，有的人视力好，几十米远的物体都能看得非常清楚，有的人视野范围广能够同时观察到一大片区域。

传感器融合技术可以利用多种传感器提取交通路况信息并检测障碍物，使智能网联汽车具备环境感知能力，为智能网联汽车提供决策依据。

智能网联汽车的“眼睛”也是有区别的。例如，摄像头的优势主要在于硬件基础设施比较成熟，但内部所需算法水平还相对薄弱；相反，激光雷达的算法实现比较容易，但是硬件水平适应性相对较差。所以，通过对多种传感器的各项指标进行融合处理，获得多源融合数据，就可以实时监控车辆状况和周围环境，有效识别和预测交通参与者行为、道路交通状态和车辆轨迹等信息，有助于进一步提升智能网联汽车的安全性。如图 3-11 所示。

随着自动驾驶车辆的兴起，车上的传感器设备也在不断升级。它们不单单向外感知，还可以结合图像识别快速辨别出视野范围内的所有物体，可以将多个“眼睛”观察到的事物结合起来，形成类似于 360° 全景图片的传感器融合。它们还拥有强大的计算能力，可以通过人工智能、交通预测等新兴技术，对感知到的道路交通情况、车辆运行情况进行实时的预测。这简直就像是未卜先知，充满了神奇的魔力。

现有交通传感器主要分为两大类：

第一类
传统的传感器

包括感应线圈、截面雷达和地磁钉等，这些设备可以获得某一截面或瞬时的车辆所在车道和车速信息。

第二类
交通目标传感器

现有的交通目标传感器主要有以下3种，具体特征区别见表3-2

- AI摄像头：实现对人、车和物等相关特征信息的提取与分析。如人脸识别、车牌识别等。它的缺点是定位精度不高，且受天气和光照强度的影响较大。
- 激光雷达：向目标发射探测信号，将接收到从目标反射回来的信号与发射信号进行比较，处理后可获得目标的有关信息。它的缺点是对环境敏感度高，对机械转动部件、寿命和可靠性有影响。
- 交通毫米波雷达：能分辨和识别很小的目标，且能同时识别多个目标。它具有成像能力高，体积小、覆盖范围大等特点；缺点是横向精度较低，且无法精确区分目标类型。

表 3-2　交通目标传感器比较

领域	3D激光雷达	毫米波雷达	摄像头
探测距离	200 m	250 m	50 m
精度	极高	较高	一般
优势	精度极高，3D建模不可替代	探测距离远，精度高，环境适应性强	成本低，信息丰富
劣势	成本高，易受天气影响	高密度识别弱，难以识别静态物体	依赖光线，环境适应性差，测距精度低

我们在日常生活中认识事物，不单需要视力，还需要味觉、触觉和听觉等多种感觉同时作用，才能对一个事物观察细致。“无人”车也是一样的，它的优点之一就是对事物的观察更加细致，所以需要更多的感知“器官”结合起来，才能够对道路交通进行细致的观察。

可见，多传感器数据融合相比于单一传感器获取的信息具有更强的包容性、经济性和互补性等。因此，它可以适用多个领域。目前，它在建筑、医学治疗、遥感和自动化控制等多个领域均有运用。

同样，“无人”车上如果有太多的“感知器官”会给“无人”车带来特别大的负担，就像是患了“多器官”的病症一般。鉴于传感器技术正向着微型化、智能化的方向发展，逐步适应目前科技发展需求，将获取的信息进一步集成融合是信息发展的必然趋势。同样，传感器技术的发展在一定程度上也受益于多传感器数据融合技术。

3.2.2　车辆与道路基础设施交互通信技术

当人们坐上了自动驾驶汽车（亦可称为“无人”汽车）在道路上顺畅地行驶时，“无人”车保持着匀速行驶，方向盘也在左右微调着保持车辆在车道的中心行驶。虽然驾驶很平稳，乘客坐在车上也很舒服，但他们有些不解，为何不再开得快一点呢？过了大概 1 min，当“无人”车刚好到达交叉口时，绿灯亮了，原来是“无人”车计算好了绿灯时间，车辆甚至没有刹车就通过交叉路口。真相是“无人”车可以对周围交通基础设施的交通运行状况和交通设施设备当下的运行情况做出相应的反馈，在不影响通行效率的同时还能让乘客体验舒适的乘坐环境。

当然不仅是信号灯，从车辆到基础设施（V2I）技术是一种通信框架，使多辆车辆能够与支持特定国家 / 地区公路系统的各种设备共享信息，即制造一个

“无人”车好像在与什么人通信，通过传感器接收外部的指令才能够准确地判断出该怎样开车，就像有一位经验丰富的“老司机”指导一样。“无人”车在接受指导的同时，可结合道路的实际情况决定着自己的行下一步行动。

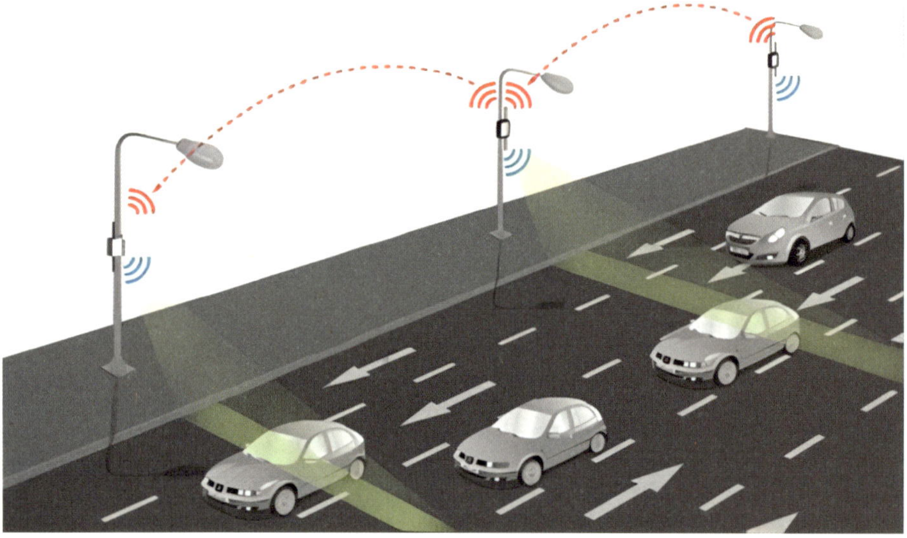

图 3-12 V2I 技术图

虚拟的环境让车辆和周边的基础设施变成一对“好朋友”，进行信息间的交流。基础设备包括射频识别阅读器、标牌、摄像头、车道标记、路灯和停车计时器等（图 3-12）。在硬件、软件和固件网络创造的环境下，基础设施设备的信息可以通过网络轻松传输到车辆。

V2I 传感器可以用于智能交通系统（Intelligent Traffic System，ITS）捕获数据并向道路使用者发布有关道路上各种事故的实时建议，比如交通拥堵、建筑工地、道路状况和停车区等。

如果“无人”车能够完全在无人操作的条件下顺畅行驶，结合科技的发展，一定能够为私人和公共交通的发展作出巨大贡献。同样，“无人”车虽然有“眼睛”，可以看到周围的情况，但是视野范围是有限的，就像人类看不到千米之外的红绿灯一样。这时如果通过 V2I 传感器接收到视野范围之外的信息，就非常方便了。

V2I 技术的创新发展日新月异，其中，在汽车行业的运用占据了中心舞台。随着全球互联设备的不断发展，汽车行业正在充分利用可用信息来改进其产品。通过为车辆配备能够传输、接收和处理相关信息的 V2I 技术，能大幅提高车辆的安全性、移动性和便利性。

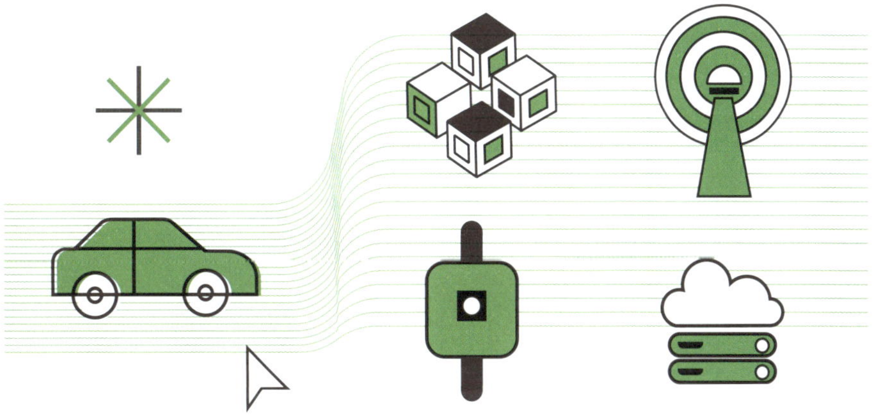

图 3-13　4 类主要的道路设施网络安全技术

3.2.3　道路设施网络安全技术

当智能网联汽车的车载设备与互联网或其他设备进行无线通信时（图 3-13），网络安全问题也因此产生，很难想象，当乘客正在享受自动驾驶带来的出行便捷与舒适时，车辆突然受到挟持，不听从乘客的操作指令，那会是多么可怕的事情。

自动驾驶在使用互联网的同时，可以获得相应的收益，但也会带来许多网络安全问题。随着车联网的不断发展，用户的隐私安全问题越来越重要，车联网的信息安全必须要给予充分关注。在车辆行驶方面，如果不法分子盗取了汽车用户的个人资料，甚至获取了汽车刹车和油门的控制权，这将极大威胁乘客的生命安全；在运输调度方面，车联网如果被不法分子控制，则会导致严重的交通混乱和失控场面，这些都会给社会造成麻烦。因此在中国交通运输部标委会的推动下，针对《智能网联驾驶信息安全标准体系框架》进行了研究，其对自动驾驶车辆的网络安全从体系架构、测试依据和安全条例等多个方面给出了明确的标准和规范。

1 直连无线通信技术

基于长期演进（Long Term Evolution, LTE）的车联网无线通信技术，实现了智能运输系统中各子系统之间的信息交互，进一步提高了交通运行效率。

“无人”车的挡风玻璃上安装了一个小黑盒子，上面还插着一张卡，看似并不引人注目，可这个小黑盒子却有着意想不到的功能。前文介绍的很多有关于“无人”车所接受的外部信息都是通过这个小黑盒子接收的。通过车载单元（On Board Unit，OBU）可以将车辆和车辆、车辆和路边的设施连接起来，互相联系（图 3-14）。比如，两辆“无人”车在并排行驶，它们之间可以相互传输轨迹信息，也就是相当于两辆车在不断交流中前进。如果沟通得很好，两辆车的动作就相当于一辆车，设想一下，是不是可以放心大胆开车，而不用担心车辆的安全性了呢？我们可以再大胆想象一下，如果一条车道上都是互相通信的车辆，那所有行驶在这条道路上的车辆动作都保持一致，是不是就会更通畅呢？

当然 OBU 不仅会和 OBU 相连，还可以和其他设备相连，比如说与路边架设路侧单元（Road Side Unit，RSU）相连，这样就能打通车端与路端之间的通信。

无线通信技术是相当有价值的技术，运用在“无人”车领域中，能够让相互独立的车辆相联系，让“无人”车周围的可通信事物都更为顺畅，形成一个互帮互助的大群体。

2 蜂窝移动通信技术

如图 3-15 所示，蜂窝移动通信（Cellular Mobile Communication）是采用蜂窝无线组网方式，在终端和网络设备之间通过无线通道连接，进而实现用户在活动中相互通信。

目前，不管是汽车领域的自动驾驶，还是交通领域的道路网联化和智能化，都急需基于蜂窝移动通信的车联网通信技术（Cellular Based V2X，C-V2X）提供基础性通信，以实现不同自动驾驶级别中需要的信息实时共享与交互、协同感知和控制。在自动驾驶的分级和道路网联化、智能化发展中，C-V2X 从车与车、车与路、车与云间的信息实时共享与交互，发展至多源数据的协同感知，进而实现网联的协同智能控制等。

同时，蜂窝网络历经多年发展，已成为移动通信的基础，具有覆盖范围广，通信安全可靠的有点。据美国高通公司（Qualcomm）预测，截至 2025 年，全球物联网连接数量将超过 50 亿个。未来，各种智能设备将层出不穷，涵盖智慧交通、医疗保健及智慧城市等各个领域。大量的智能终端接入网络，蜂窝网络将成为物联网的主要承载端。

3 路侧单元

安装在道路上方的摄像头上，安装有一个正方体形状的小盒子，这个小盒子就是路侧单元（RSU）。OBU通过车上的小黑盒子与RSU连接，互相传输信息。

RSU一般都安装在路侧，采用专用短程通信技术（Dedicated Short Range Communication，DSRC），与OBU进行通信。RSU能够识别车辆，可以进行路网和流量感知。

路侧单元是车路协同的核心零件，负责收集、传输和处理车路信息，在车场管理中，安装RSU，可以建立“无人”值守的快速专用车道，如图3-16所示。

4 边缘计算

车辆行驶、道路状况、乘客需求等几乎所有的信息都需要通过网络汇总到一个中心，然后再通过中心对所有数据进行处理计算后进行反馈。但是如果所有计算内容都需要汇总到中心，每辆车每1 s会产生一条数据，当数以万计的车辆传输的数据汇总到中心，几个小时就会产生上亿条数据。这样庞大的数据传输会给传输线路带来很大负担，海量数据计算也会给计算中心带来很大工作量。

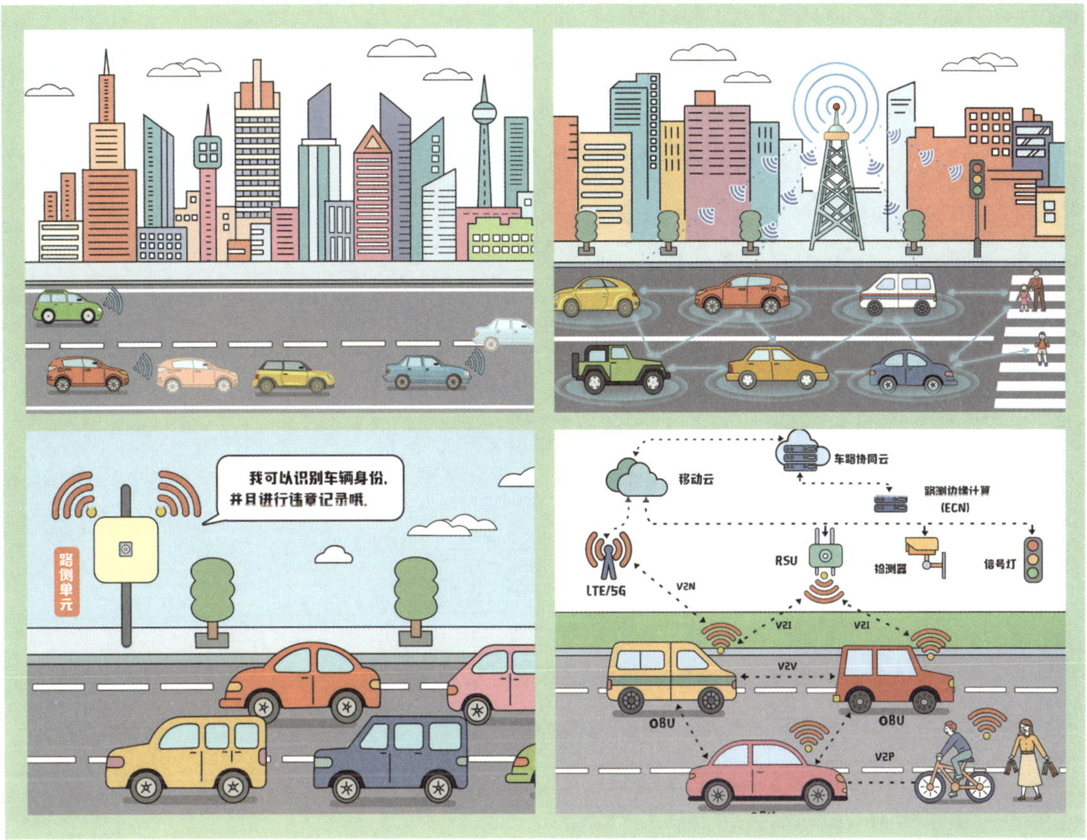

图 3-14 车辆直连通信行驶示意图　图 3-15 蜂窝移动通信示意图
图 3-16 路侧单元功能展示图　图 3-17 车联网网络基础图

如果通过边缘计算的方式，就可以简化数据的传输过程，减少响应的计算数据量，大幅提高计算中心的计算速度和传输效率。“无人”车的一个关键要求是实时控制，如果采用极低延时的边缘计算是非常合适的。

边缘计算，是指在靠近物或数据源头的一侧，采用网络、计算、存储、应用核心能力为一体的开放平台，就近提供终端服务；其应用程序在边缘侧发起，具有更快的服务响应，可以满足行业在实时业务和隐私保护等方面的基本需求。

云计算擅长全局性、非实时、长周期的大数据处理与分析，能够在长周期维护、业务决策支撑等领域发挥优势。边缘计算适用于短周期、实时局部性的数据处理分析，能支撑本地业务的实时智能化决策与执行。相较于云计算，边缘计算可以在获取数据的同时，对数据进行处理分析，提供方案。比如说智能信号灯能够根据现在使用的某一条道路上的运行情况调整红绿灯的时间，但是也能够通过一片区域内的所有道路的运行情况调整一片区域内的红绿灯信号时间（图 3-17）。前者类似于边缘计算，收集局部的信息，实时地对红绿灯的时长进行调整；后者类似于云计算，需收集全局的信息后，再进行处理。

3.2.4 车路协同及仿真优化技术

日常生活中发生的交通事件，比如说因交通事故、道路封闭等原因导致的交通拥堵都需要一定的时间调查才能找到拥堵原因，后方车辆由于“不知情”可能会导致二次事故的发生。应用车路协同技术就可以解决这些问题。

在未来，智能交通系统的发展方向是车路协同。车路协同就意味着，乘坐“无人”车可以和其他“无人”车进行沟通，随时随地获取相关的运行信息，如速度、加速度和路线等。利用车路协同技术可随时准确地、实时地获得相关信息。

所谓的车路协同就是让每一辆车拥有一个聪明的大脑，能从周围的道路环境中获取车辆的所需信息，共同完善道路环境，让车辆高效且安全地行驶在各种道路环境中（图 3-18）。更重要的是这些信息可以被相关监督部门接收，提高监管效率，有效处理交通事故。

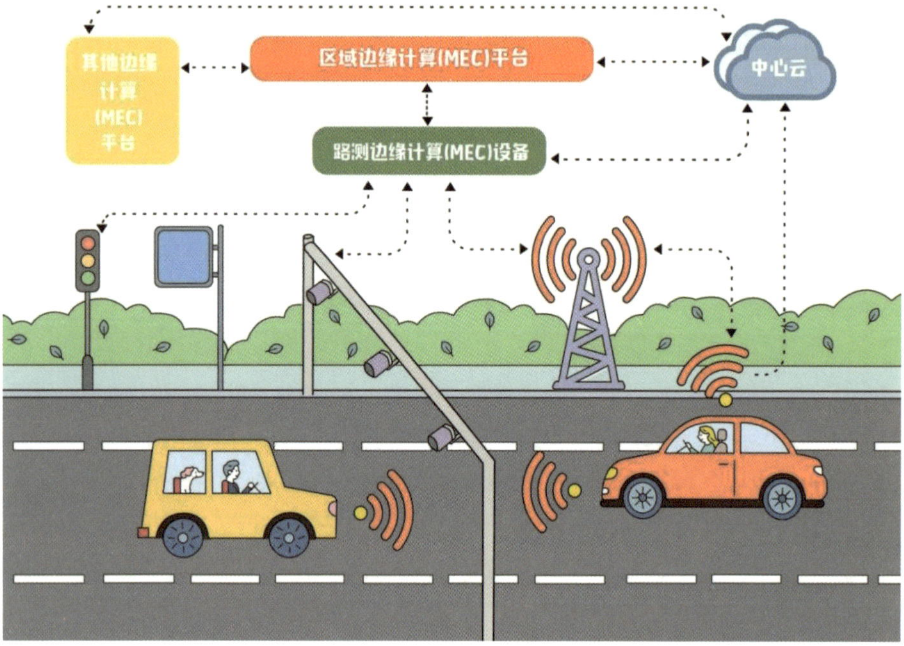

图 3-18　基于协同技术的车辆安全协同通行

仿真是以数字化的形式将现实中的车辆运行情况通过计算机进行模拟，因为仿真相较于现实中的试验有很高的经济性质。比如说，如果出现“无人”车驾驶产生一些碰撞，用仿真模拟，可以提前发现问题，并且就问题分析人员伤亡和财产损失情况。根据这种方案，我们提出了一个问题，如果使用仿真模拟可以达到和现实同步，甚至可以领先于现实的话，能够预防指导和避免一些事故吗？可以得出更好的车辆控制方案吗？这是一个值得思考的问题。

在现实应用中，为了实现最佳的路侧感知效果，在不同的场合下往往要求不同的 RSU 配置，而 RSU 的选择和配置通常是一项耗时费力的过程。近年来，由于计算机硬件性能的日益提高，仿真技术在智能交通领域中的应用已成为当前科技发展的重要手段。协同优化技术可以通过环境感知收集与车辆及路边设备相关的环境信息数据，同时使用 V2V、V2I 网络技术，实现车辆与道路的互联互通，利用两者协调调整交通资源，有效提升路面安全性，减少道路拥堵。

仿真测试是利用多模无线通信进行虚拟路侧信息系统和虚拟车载系统的数据交换，进而将现实中的测试运用到不同的模拟环境中，以此进行车路协同技术的安全性评价和有效性评价。

仿真测试依托于平台，以一定的规则运行，经典的自动驾驶仿真系统包含了虚拟环境、道路动态案例模拟、传感器仿真和汽车动态模拟等模块。针对路侧传感的模拟，仿真主要集中于路侧传感器和车辆之间以及环境间的相互作用。与投放在普通道路上的自动驾驶仿真系统的不同之处在于，传感器种类为路侧传感器而非车载传感器，如果想要最大程度还原现实环境特性，还要有物理引擎、三维图形引擎和与外部通信硬件技术来作为基础支持。

图 3-19 仿真系统体系结构建模

如图 3-19 所示，如果我们将车路协同仿真优化技术应用于平台搭建，就可以整合一个仿真平台的基本框架。构建仿真体系结构建模需要考虑 4 个方面：场景搭建、交通参与者行为建模和交通事件建模、多模式无线通信与路由协议搭建及评估系统构建。

车路协同仿真的场景需要做到与真实场景同步，包括道路线形、车道数、车道宽度、匝道位置、工作区、坡度、交通标志、标线、信号灯、路侧设施以及护栏等道路基本属性，要求数据有相当的精确度和准确性。

构成道路交通的四要素就是人、车、路和环境。在车路协同场景中，不仅只有智能网联汽车在场景中，人代表交通参与者，包括智能网联汽车、驾驶员、乘客和行人等。在对所有交通参与者行为进行描述和模拟的时候，构建驾驶员与车辆的行为模型用于描述道路上行驶车辆的特征和行为；构建非机动车行为模型用于描述非机动车的行为；构建行人模型等。

3.2.5　综合道路交通系统集成优化技术

交通系统集成优化技术可以实时感知自动驾驶车辆及其周边车辆的交通状态信息，该技术可以搭建一个车辆及其相关设施的系统平台，在宏观和微观的角度上对综合交通网络做出判断和调整，通过不断地训练和学习，为车辆和路侧控制单元提供交通状态数据、诱导或控制指令，达到车辆与道路基础设施间协同运行的效果。目前，该技术在综合交通系统领域的运用重点集中于高速道路入口与出口区，以及道路信号交汇区域的交通流运行和控制等方面。

3.3

“车路协同”关键技术

Key Technology of Vehicle-road Coordination

3.3 “车路协同”关键技术

3.3.1 泛网联自动驾驶车辆编组

自动驾驶车辆编组是以队列排头的车辆作为头车，就如领头羊一般，后面跟随的车辆通过 V2V 通信技术进行实时连接，根据头车的行为、动作、意图而不断调整驾驶策略，整个车队以极小的车间距自动驾驶。

编组驾驶可以提高车辆之间的协调性，节省燃料损耗、提高运输效率、减少驾驶疲劳，甚至降低事故风险，从而高效利用车道，减缓交通压力。

以自动驾驶卡车为例，看车辆编组是如何实现的？

安装在驾驶室内的前置摄像头能够让驾驶员（包括自动驾驶终端）在驾驶过程中看到同车队队伍中其他车辆驾驶室内的情况。其次，车上安装的实时视频显示系统可以使同一编组中的车辆互相查看其他车辆的视角情况，弥补视觉上的盲区。在这个视觉系统的辅助下，驾驶员（包括自动驾驶终端）可以全方位地看到驾驶车辆的各个视角，极大地提高了安全性。此外，每辆车上还安装有雷达防碰撞系统，系统以每分钟 3000 次的频率同时追踪周围几十个物体，不断对前方道路的危险事物进行检测，保证对前方道路可能出现的危险及时做出预判并发出警告。

利用前置摄像头、视频显示系统和雷达防碰撞系统，在遇到紧急刹车的情况时，自动驾驶卡车可以做出相比于人类更快的制动行动以避免碰撞的发生。编组行驶中，同一车队之间的雷达相互衔接，可以实现同时制动。

怎么体现编组行驶的效益呢?

以大型的载重货车为例，在由驾驶员驾驶的情况下，车辆间距是由驾驶员进行判断。由于每个驾驶员的驾驶技术、疲劳程度、乐观程度（越乐观的驾驶员控制的间距越大）都不尽相同，会导致在一条车道上连续行驶的货车与前车保持的距离都不相同，甚至相差数倍，前后相邻车辆的动作也不一致。因此，前方车辆的突然刹车而后方车辆无法及时跟随刹车并及时停下，是交通事故发生的常见原因。

通过编组控制，利用雷达，车辆可以互相对其前后车辆的行为、动作做出快速反应。车与车之间的通信“反应时间”远远超过人类的反应时间，比如车辆在执行制动指令时，其他同组车辆就会接收到自己的减速指令，在下一阶段保持合适且安全的间距。

在现实生活中已有实现。比如在 2020 年 12 月，飞步“无人”车低调宣布了一项新进展，与宁波舟山港集团共同落地了行业内首个混线工况下的自动驾驶集卡编队独立整船作业（图 3-20）。

图 3-20　多路自动驾驶集卡编队图
（图片来源：https://new.qq.com/rain/a/20210402A0ARY700）

3.3.2 高精度组合定位技术

在地图上显示车辆当前的位置是很容易的事，但是要精确地显示车辆在第几车道，这就是一项要求非常高的事。而这恰恰就是高精度地图所能完成的任务（图 3-21）。顾名思义，与传统地图相比，高精度地图的精度相当高。与之相匹配的还有高精度组合定位技术，正是因为有了准确定位才会有高精度地图上的定位信息。

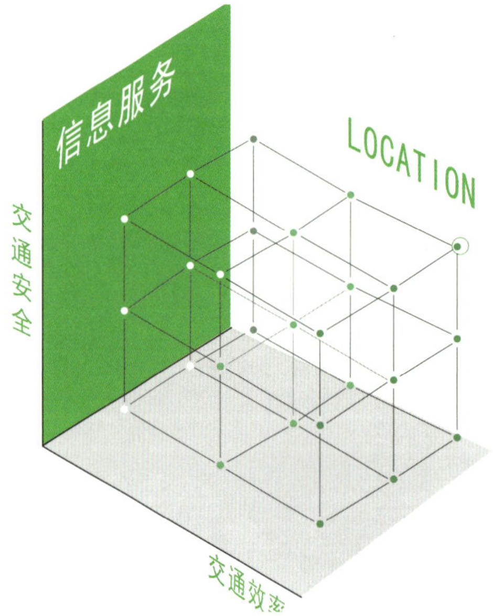

图 3-21　精确定位车辆地理位置

车联网主要应用在 3 种交通场景，分别是交通效率、信息服务和交通安全。首先，交通效率主要体现在车辆可以提前获取前方拥堵预警信号，进而进行车速调整，在紧急状况下也能进行车辆调整，保证交通通行效率；其次，信息服务主要体现在车辆上使用的高精度地图以及停车引导等多种服务；最后，交通安全主要体现在自动驾驶、突发情况紧急制动报警和道路异常预警等方面。根据不同的交通场景，车联网会采取相应的措施，保障交通正常运行。

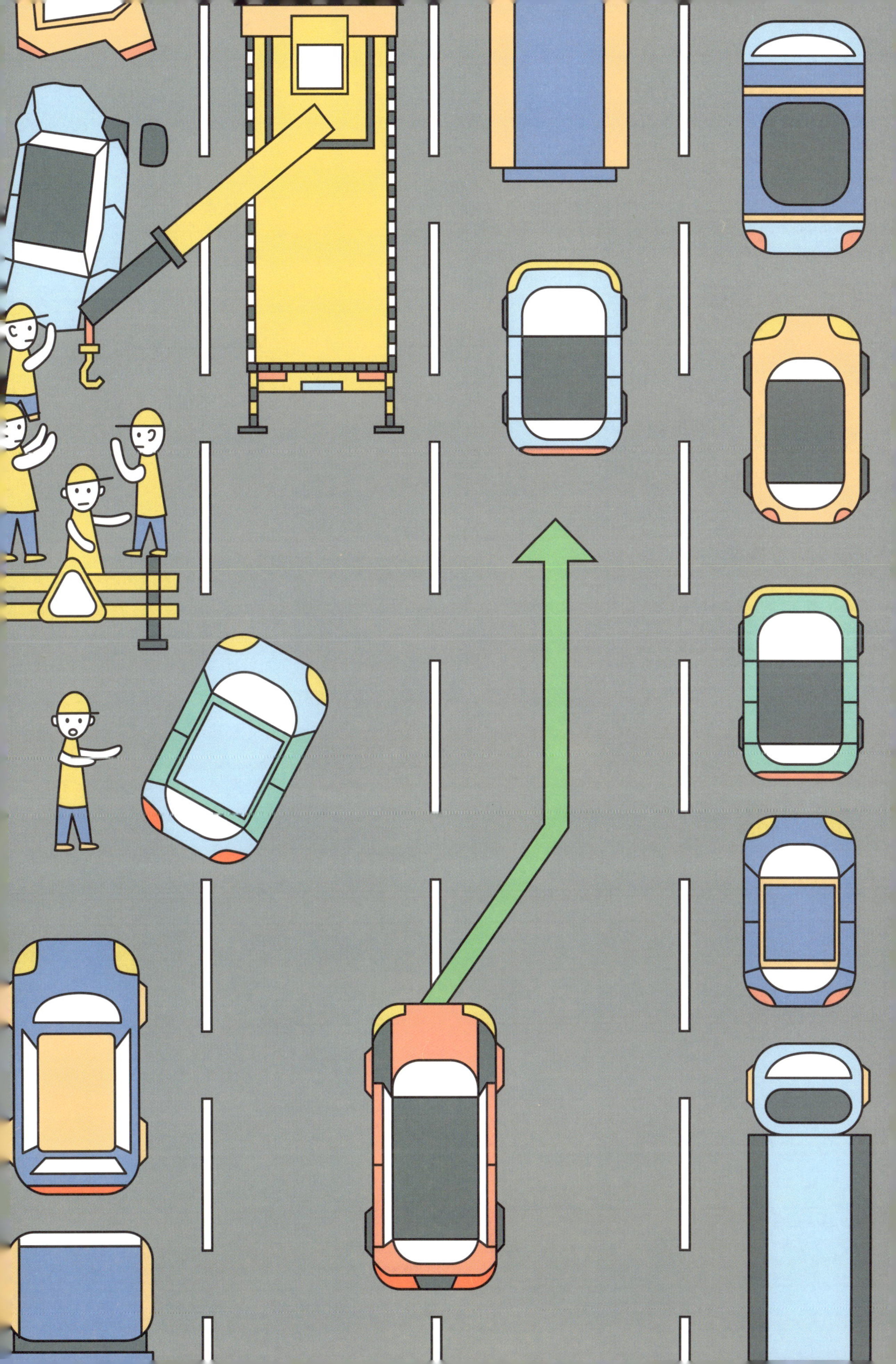

1）编队行驶

编队行驶是经典的自动驾驶场景，在这种场景下，车辆会以极小的距离排队行驶。根据规定，正常编队行驶的车辆之间的距离应大于 2 m，但是在车流量大的情况下，车辆间距可缩短至 1 m。在某些特定场合，例如当车辆离开或加入车队时，为避免碰撞，需要高精度定位辅助编队行驶。

2）紧急车辆避让

在我们日常生活中可能会发生一些突发事件，比如着火、人员伤亡、有不法分子出现等原因需要消防车、救护车、警车出动救援，一般发生这种比较重大并且紧急的情况，需要其他车辆配合进行避让，以保证紧急车辆能通畅行驶。利用车联网技术可以对紧急车辆的路线进行分析预测，而且能够通知到所有相关车辆关于紧急车辆的信息以及时避让。众所周知，一旦有这种紧急情况发生，即使延误 1 min 都可能造成严重的后果，如果普通车辆能够及时避让紧急车辆，那就会大大减少悲剧的发生。

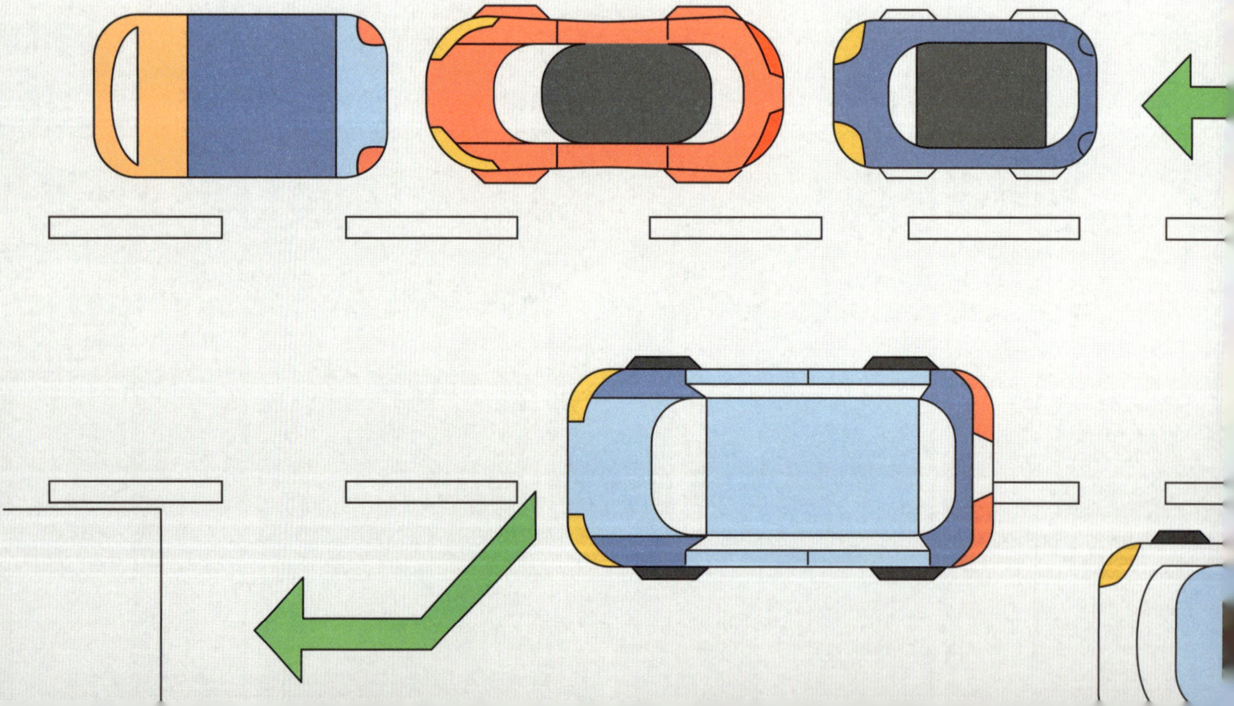

紧急车辆让行是指车辆在行驶中，如遇到消防车、救护车、警车等紧急车辆，会收到紧急车辆提醒，并能进行快速让行。在这种场景下，区域范围内的车辆会收到紧急车辆的路线信息，阻碍车辆根据自身交通条件做出相应的让行，以保证紧急车辆快速运行。

3）交通监控与管理

车联网可以实现交通的监控与管理。交通监控与管理一直发挥着重要的作用。如果能及时收到实时的路况和交通信息，驾驶员和乘坐人就能获得更多方便和安全。但交通监控具有非常大的工作量，并且交通管理的要求越来越高，管理内容也越来越复杂。

随着车辆的不断增加，交通监控的作用愈发重要。由于交通或道路信息需要实时更新，交通管理难度程度也越来越高。当车辆间距过小时，交通管理服务器可能会向车辆发出警告，提醒它们离得太近。另外，基于当前交通状况，交通管理服务器也可能要求车辆继续沿当前车道行驶或改换车道行驶。交通监控和管理是保证车辆安全运行的重要一环，需要做到像“法官”一样，对不同的交通问题做出正确的处理方式。

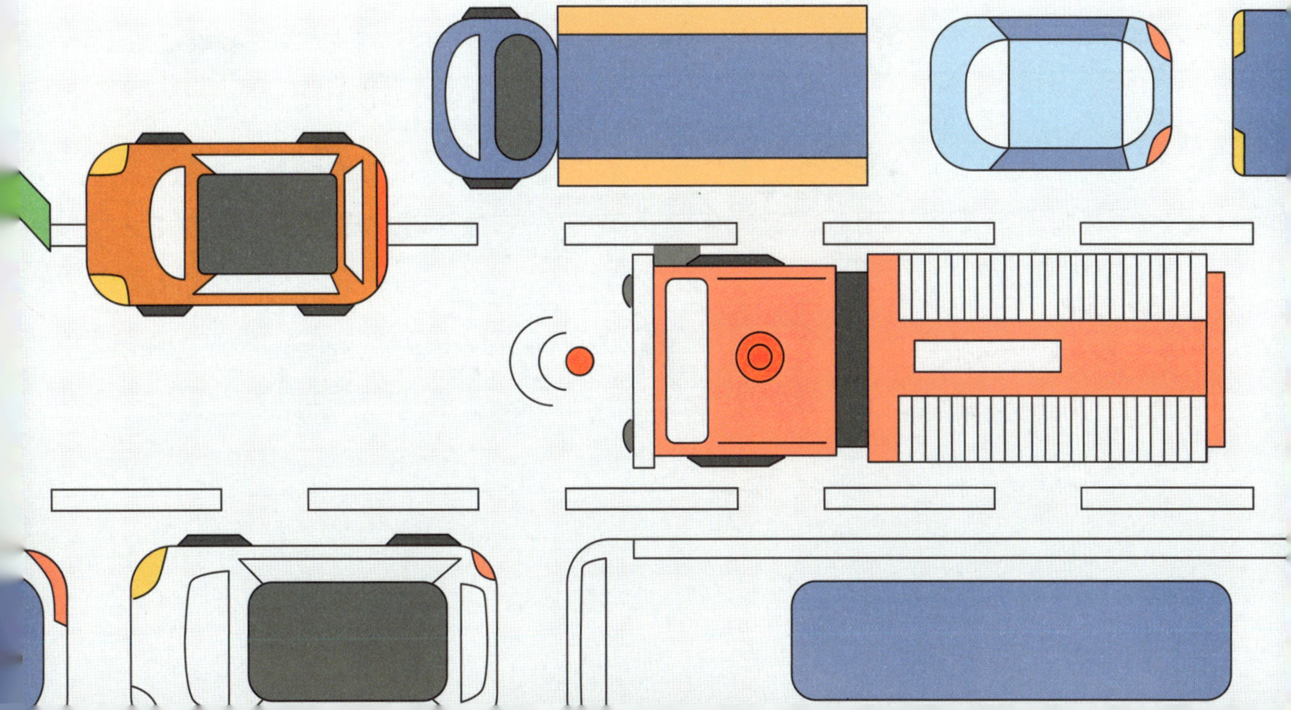

3.3.3 分布式云平台管控技术

云平台可以提供计算、网络和储存功能，而车联网产生的大量数据正需要储存管理计算，因此云平台可以在车路协同上发挥它的作用。

分布式云平台分析 IT 技术发展，遵循集中化、标准化和可靠化的设计原则，以规范化、一体化和智能化的云平台为支撑，实现信息的透明共享、业务的敏捷协同，以管控及时、决策科学为设计目标，选择传统成熟的应用集成和信息技术，以及新一代的云计算、大数据、移动应用信息技术相结合的技术路线。

分布式云平台由集约化云架构基础设施层、共享化数据资源层、组件化平台化支撑服务层、标准化应用层、一站式多终端信息交互层组成，每层又包括若干成熟稳定的技术组件，各技术层自下而上，层层支撑，减少了信息孤岛，优化了系统的用户体验，提高了工作效率。简单来说，就是每层都进行了细致划分，如同公司部门的每个职务都需要划分细致，才能完整地进行服务。

车联网平台的发展已经经历了 3 个主要阶段，即从最开始的汽车远程服务提供商（Telematics Service Provider，TSP）平台阶段（连接服务），到智能网联平台阶段（整车智能），再到现在自动驾驶云控平台阶段（车路协同），将会基于“大数据 + 深度学习”技术从特定场景的自动驾驶到更广泛领域的智能化出行服务，实现全面的车—路—云高效协同。

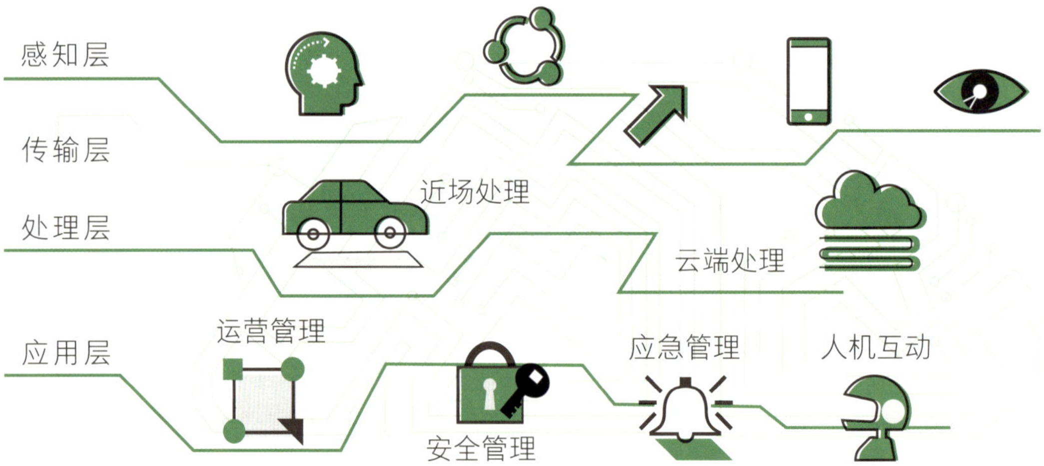

图 3-22 云控平台功能分布

以斯润自动驾驶云控平台(Sirius Cloud Control，以下简称“云控平台”)为例，按功能分为感知层、传输层、处理层和应用层 4 层（图 3-22）。

感知层

通过车载设备的信息获取对车辆或环境状态数据的上报，通过智能终端进行数据的传输。

传输层

需要保证数据在传递过程中的实时性，车端通过CAN总线或以太网技术进行高速数据传输，传输通道通过5G或Wi-Fi等过渡网络连接方式实现，确保传输线路的安全可靠。传输层的工作如同镖师，要确保线路安全，安稳运送货物。

处理层

包括近场处理和云端处理两个过程，路段靠近车辆的设备中，通过边缘计算等技术可以实现近场处理，有效降低数据传输长度。云端处理则是通过将大量的数据上报之后进行综合分析，处理后的数据安全性高且能够为应用层提供服务。

应用层

包括运营管理、安全管理和应急管理等多方面应用，可以根据应用的环境进行设计，也可以通过丰富的人机交互设计实现客户的多重服务需求，最终实现交通高效协同。

自动驾驶云控平台功能中，每一个层级都有特定的功能，解决特定的问题，其中的关键技术是在发展的过程中不断地更新、迭代，而不是一蹴而就的。

3.3.4 数字化交通底座实现技术

数字化交通底座是什么呢？我们可以理解为以数字化的形式对交通系统精细管控起着支撑作用的底座。车路协同和自动驾驶是具有极高的精细度和难度的先进技术，相应的底座也需要同样的精细和先进程度与之匹配，才能作为它们的支撑。如图 3-23 所示。

数字化底座，也称为基础设施即服务（Infrastructure as a Service，IaaS），是指把 IT 基础设施作为一种服务通过网络对外提供。在这种服务模型中，用户不用自己构建一个数据中心，而是通过租用的方式来使用基础设施服务，包括服务器、存储和网络等。

图 3-23 数字化交通结构简易图

也就是说，拥有了数字化交通底座后，智能网联汽车就具有了读懂指令的功能，从而可以实现交通的 IT 基础设施服务。

到底数字化交通底座能有多大的作用呢，它是如何成为车路协同的底座的呢？要解决当前交通的一系列问题，需要数字化技术和智慧化管理并行推进，迭代发展。充分发挥在 5G、云计算、大数据和用户触达等领域优势，就能助力智慧交通的数字化和智慧化升级。精准的数字化交通底座，能做到融合多元空间、多元感知和动静态交通数据，为智慧交通建设提供数字化基础设施。

在车路协同的发展过程中，构建集感知、通信、计算等能力为一体的智能基础设施环境是构成数字化交通底座中不可或缺的部分，也是交通领域发展的重要一环。未来，以数字化形式搭建的网联化和智能化基础设施将趋于常态化，新型的数字化标牌、标线在未来将随处可见，这些都会是构成数字化交通底座的一部分。结合 5G、AI 等技术，通过数字化方式应用于交通体系，形成新型的交通新基建数字底座，可以应用于各种智能交通场景，做到精细化管理，极大提升智能化交通管埋水平。

数字化交通底座实现技术就是让交通实现数字化转型，从而进一步推动智慧交通的发展。数字化交通底座的实现，将有效解决当前交通运输行业信息化建设中存在的重复建设、资源利用率低、数据孤岛严重以及数据更新能力不足等问题。通过提高交通信息收集、反馈和处理的能力，可以解决生活中诸多交通场景的难题。比如在公共场所停车，利用数字化形式的高精度地图能够快速分析车辆位置，通过分析当前环境的停车位置，将信息传递到车辆导航中，就能提前获取适合停放车辆的位置，从而实现快速便捷的停车引导服务。

3.3.5 全生命周期透明管理技术

产品全生命周期管理（Product Lifecycle Management，PLM）是指管理产品从需求、规划、设计、生产、经销、运行、使用、维修保养，直到回收再用处置的全生命周期中的信息与过程（图 3-24）。它既是一门技术，又是一种制造的理念。它支持并行设计、敏捷制造和网络化制造等先进的设计制造技术。

以智慧高速公路全生命周期评价体系为例，在推进信息采集精细化、养护作业标准化、养护管理规范化的基础上，就能实现科学化决策和精准化养护。

一方面，在实际操作层：监测检测、状况诊断、趋势分析、方案决策和养护维修构成了一个循环往复的作业环；另一方面，在管理决策层：资产台账、过程信息、评价模型、决策模型和决策评估构成了一个循环往复的知识环。这两个环相互支持，为全寿命周期理念的实施提供了保障。

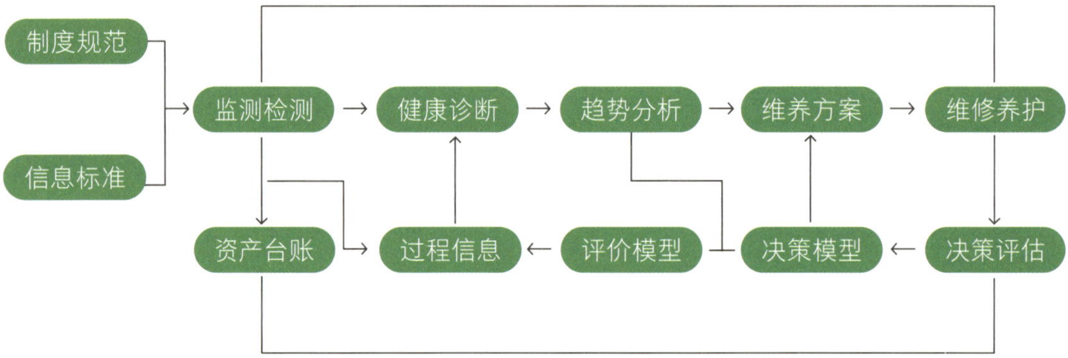

图 3-24　全生命周期管理养护体系

3.4

“车路协同”自动驾驶测试场景

Test Scenario of Vehicle-road Collaborative Automatic Driving

3.4 “车路协同”自动驾驶测试场景

如表 3-3 所示，车路协同自动驾驶系统包括感知模块、融合预测模块、规划和决策模块以及控制模块 4 个关键功能模块。

表 3-3 车路协同自动驾驶系统模块

● 模块作用 ● 说明

模块	模块作用	说明
 感知模块	可实现对道路线形及环境的感知、静态交通状态及动静态障碍物的检测和识别、交通标志、标线、信号灯等交通基础设施检测、车辆自身的定位、高精地图或无地图定位等功能。	有了感知模块，车辆就相当于拥有了人类的各种器官一样，能像人类一样观察道路上车辆和行人等运行情况，从而获取路面信息
 融合预测模块	可实现路侧感知信息与车辆感知信息的融合，或将多传感器接收获得的、来自不同区域的信息进行融合；路侧单元与车辆感知设备的信息融合能够提升感知精度，对路段状态实现精准识别	融合预测模块使智能网联汽车和智能基础设施具备了交流能力和思考能力，就像多个人从多个角度思考问题，并互相讨论感受到的道路交通运行情况
 规划和决策模块	以效率、安全和能源消耗为目标，算法为核心，对交通信号配时、车辆队列、期望车速、期望车间距以及期望交通量等参数进行规划，完成车辆行为的规划、推理和决策等	有了规划和决策模块，进一步提升了车辆的思考能力，车辆拥有了自己的思考逻辑。车辆根据收集到的信息，对自己的下步动作进行规划，继而计划之后的动作
 控制模块	实现车辆路径控制、车队队列控制以及按照控制指令到车载单元，实现对汽车方向盘、油门、刹车等执行机构的控制。在紧急状态下，如通信中断时，控制权移交至车载单元，车载单元以安全为目标控制车辆。	控制模块就像一个虚拟的驾驶员，控制车辆的行驶路径，根据已经做好的规划一丝不苟地运行

以前方道路发生事故为例，图 3-25 说明了车辆协同自动驾驶技术是如何运行的。通过感知模块，车载计算平台进行感知，结合融合预测模块进行信息汇总，从而提升感知精度。利用规划决策模块引入算法对车辆进行规划和决策，通过设备计算实现对车辆路径的控制，实现车辆在各个道路区域安全行驶。

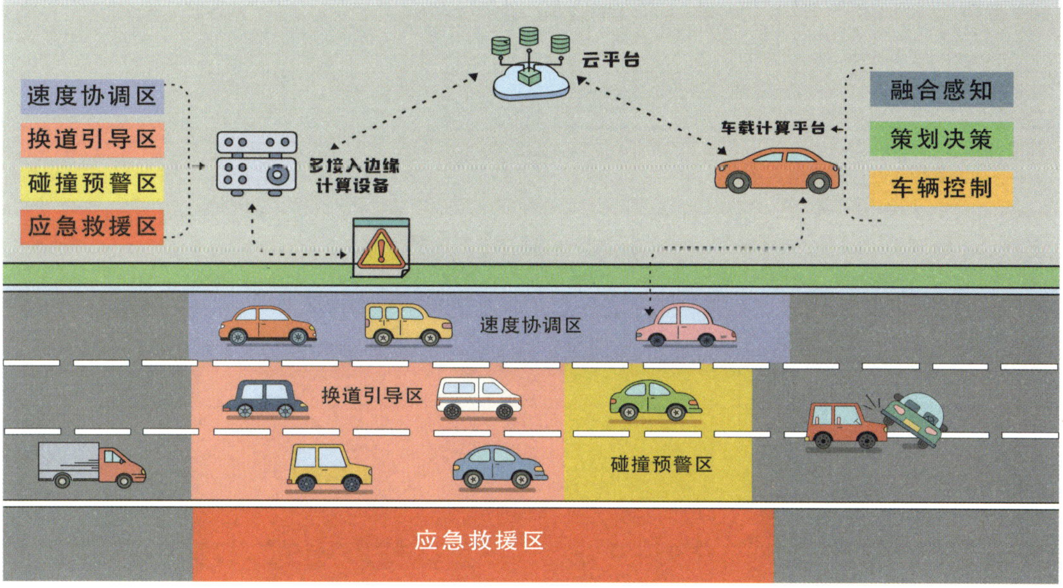

图 3-25　车路协同自动驾驶技术示意图

3.4.1 通用测试场景

在自动驾驶车辆的测试场地中，要有高清的监控设施，测试道路外要设置缓冲区保证测试场景的安全性，场地还需设置明显可见的提示及警示系统、消防设备、给排水设施和亮度可调节的照明控制设施，从而满足自动驾驶车辆的正常安全运行。

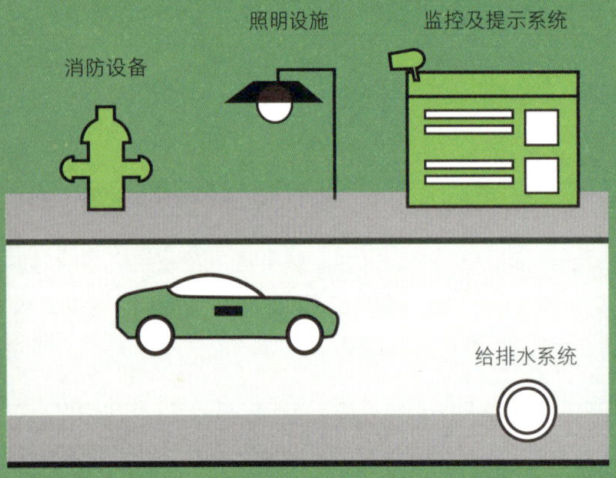

（a）

3.4.2 封闭测试场景

测试场地首先要考虑交通组织、道路及附属设施条件，场地需合理布局，尽量保证不同场景连续测试；其次，测试场地要与公共道路分开，并设置门禁系统，要有统一的安全管理制度，需有专人负责值守，只有这样才能顺利进行每项测试。

封闭测试场地应至少含有直线路段、弯道路段、道路出入口以及坡道路段等测试道路，用以测试不同线性设置下车辆的通过性。

封闭测试场地要保证内部通信设备全覆盖、低延时，才能保证场地的测试可以正常进行；如同去网上“冲浪”，需要良好的网络保障，才能发挥搏击“能力”。测试场地可采用北斗、GPS 或组合定位等方式进行信号覆盖。

（b）

3.4.3 城市道路测试场景

城市道路是人们最常见到的场景，与日常生活息息相关。因此在该应用场景中应至少设置人行横道、减速丘、减速让行和锥形交通标志等交通控制设施，充分利用这些交通基础设施构建城市道路场景，从而满足相应的测试需求。

3.4.4 公路测试场景

公路应用场景包含道路限速测试、施工区测试、隧道模拟测试、前方车辆静止测试、前方车辆紧急制动测试、前方车辆减速测试和主动换道测试等测试场景。

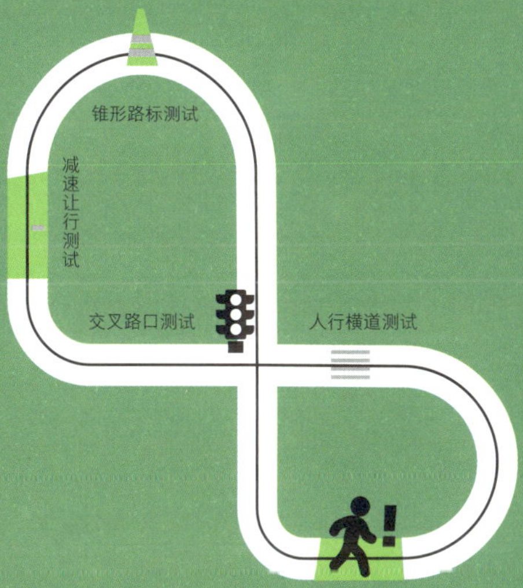

（c）

（d）

图 3-26　4 种自动驾驶测试场景图
（a）通用测试场景
（b）封闭测试场景
（c）城市道路测试场景
（d）公路测试场景

3.4.5 试点区范例

上海嘉定智能网联汽车试点示范区是国内首个国家级智能网联汽车示范区（图 3-27），也是目前国内智能网联汽车测试能力和技术水平领先的测试示范区之一。十几年前，无人驾驶汽车只存在于人们想象中，但目前智能网联测试区的出现和运营正意味着我国的智能网联和无人驾驶汽车已经由想象变成了现实。

国家智能网联汽车（上海）试点示范区是由工信部于 2015 年 6 月批准的国内首个国家级智能网联汽车示范区，由上海国际汽车城有限公司承担建设。示范区主要测试能够服务智能网联汽车的技术和智能网联汽车的通信功能，智能网联汽车像人类驾驶车辆一样，能够被给予服务也能够接受信息。根据产业技术进步的需求，示范内容需要由简到难，智能网联汽车的学习也是循序渐进的。示范区测试内容首先是封闭道路与体验区的测试，通过封闭道路的测试后，就可以进行到下一阶段——开放道路测试。开放道路测试相比于封闭的测试点有更高的自由度，学习的内容也更加困难；开放道路测试通过后，基本上就能够像驾驶员驾驶汽车一样正常地在道路上行驶了。接着，就再进入下一阶段——典型城市综合示范区，以测试智能网联汽车是否已经学会了在城市范围的智能驾驶。最后，测试的范围就扩大到城市之外，也叫城际交通共享走廊。

截至 2021 年 08 月，全国已建设 16 个智能网联汽车测试示范区，开放逾 3 500 km 的测试道路，发放 700 余张测试牌照，道路测试总里程超过 700 万 km。

	2016	2017	2019	2020
占地面积	5 km²	27 km²	100 km²	150 km²
车辆规模	200 辆 背景车：160 辆 测试车：40 辆	1 000 辆 背景车：900 辆 测试车：100 辆	5 000 辆 背景车：4 500 辆 测试车：500 辆	10 000 辆 背景车：9 000 辆 测试车：1 000 辆
道路里程	15 km	73 km	366 km （含高速 28 km）	500 km
道路类型	模拟高速+ 城市+乡村	快速+城市+ 乡村+园区	高速\快速+ 城市+乡村	高速\快速+ 城市+乡村
路侧单元	42 个	182 个	360 个	500+
应用场景	封闭模拟交通 （36个）	区域共享交通 （68个）	城市区域交通 （86个）	城际综合交通 （预计150个以上）
通讯制式	DSRC/LTE-V/Wi-Fi	DSRC/LTE-V	DSRC/LTE-V	DSRC/LTE-V

图 3-27　上海嘉定智能网联汽车试点示范区

第4章 愿景
Chapter 4 The Vision

4.1

“聪明车”发展愿景

Vision of Smart Cars

4.1 “聪明车”发展愿景

4.1.1 聪明车在制造业

在未来的汽车制造工厂里，人们看不到熟悉的生产线，却有着满满的“黑科技”（图 4-1）。在这里，零件运输由自动驾驶的小车或是无人机完成，为满足各类定制化、个性化需求而广泛使用 3D 打印技术，其中的金属部件由 3D 金属打印机完成。在工厂中，零件的物流系统由全无人输送体系来完成，转移物资的叉车配备了自动驾驶功能以实现自动化，并辅以无人机进行部分小型配件的快速和灵活运输，零部件安装由柔性全自动装配车完成。

图景 1：全程无人参与的汽车制造

图 4-1 汽车制造

为了快速响应客户的个性化需求，同时减少库存、节约资源，以可灵活编组 / 解编的多辆智能网联车辆为制造操作平台，对中小件产品进行运输途中的加工和拼装。半成品或原材料由不同产地向运输途中的某骨干路径集中，然后自动分组，分发给相关设备进行加工、组装；拼装完成后，进行检测，交下一道工序；拼装时成品交送车则一边按用户个性化需求进行组装、加工、调试和包装，一边将产品运抵终点或距离客户最近的配送中心或物流门店。全部任务完成后，成品交送车接受网络控制中心的下一道任务指令，或自行前往至最近的空闲车库待命。

图景 2：移动车间上的在途加工和拼装

4.1.2　聪明车在服务业

无人驾驶的零售车辆装载着各类日常用品，按照大数据挖掘所分析得到的客流密集区域贩卖商品。该车辆具备自动支付、自动售货、自动分拣和装载货物、智能规划行程等功能，并可以根据客户在移动网络终端所确立的订单提供个性化送货物流服务，同时根据大数据分析选择最具销售潜力的商品在橱窗进行动态广告展示，并通过语音、视频、气味、触感、空气投影等媒介给潜在客户带来直观体验，是一个集销售、广告、展示、运输、存储、体验和用户反馈等功能为一体的“移动无人便利店”。

图景 3：移动无人便利店

DATA DRIVEN

ELEVEN　FamilyCart®　MILK STATION

图 4-2 胶囊旅馆

智能网联运输车辆与多个可脱卸的时租胶囊旅馆相结合（图 4-2），构成一个可根据宾客需求智能规划线路的移动式时租胶囊旅馆，可解决城市中心大量白领办公族无处午休的难题，也可为旅游者提供短距离中转途中同时进行休憩的条件，或利用非高峰道路空间资源部分缓解城市中心区居住休憩空间紧张的问题。该胶囊旅馆车辆实时接受宾客在移动互联网用户端的预订，按各宾客指定的时间窗口约束条件，根据路网允许车速和实时交通拥挤条件，规划合理的线路和入住 / 离店时间，实现门到门的胶囊旅馆服务，并可在行驶途中进行多车辆编组及载负胶囊互换，根据需要对可脱卸胶囊宾馆进行自动脱卸、装载或短时存储，实现动态胶囊与静态胶囊之间的合理平衡。

图景 4：移动式时租胶囊旅馆

4.1.3　聪明车在居民日常出行中

多栖智慧车辆可自由地在不同物理条件的通道之间自由切换，包括硬质道路、泥质湿地、标准轨道、混凝土走行梁和窄隧道等。智慧决策系统根据出行起讫点和可用的交通网络资源条件选择时间最短、能耗最少且最安全的最优线路，并在行驶途中自动探测和识别走行区域条件，选择适宜的行驶模式，打开或收起其走行胶轮、走行钢轮、履带、定向轮及稳定轮、漂浮体、推进螺旋桨等设备。

图景 5：多栖智慧车辆

未来的智慧无人车辆可根据主人的指令（语音、动作感应、触屏、键盘等）自动出行购物，购物后自动返回，并能够在外出或返回途中根据城市路网和各道路拥堵情况自动规划和调整路线，使出行时间最短、耗能最少。该车辆除智能网联汽车的标配系统以外，还加载了支付系统、授权认证系统、货物存取系统等。

图景 6：自行智能购物车

4.1.4 聪明车在建筑业

未来的建筑施工将实现在全无人条件下建筑的“自行生长”，其中的关键是微型智能施工车辆的应用。这些微型智能施工车辆将全面替代目前建筑工人的所有操作，无论是支模、焊接、浇筑、振捣、拆模、搬运及安装等常规建筑施工操作，还是上至高空、下至深槽进行危险作业，或是进入人体无法进入的狭小空间进行微操作，微型智能施工车辆都可以高质量且稳定地完成。配合各类智能吊车 / 塔吊、智能钻孔机 / 挖槽机、智能爬模机、智能架桥机、智能摊铺机、智能搅拌站，并结合广泛使用的 3D 打印技术，未来的城市建设中将出现一栋栋“自行生长”的摩天大厦。如图 4-3 所示。

图景 7：自行生长的建筑和微型智能施工车

全自动智能施工车辆可适应不同体量、形态、材料和环境的建筑施工要求。在土方施工阶段，通过部件变位和自动拼接或脱卸部件变身为智能挖掘机、智能装载机、智能运土车或智能压路机；地基施工阶段，变身为智能钻孔机或智能制桩机；在钢结构施工中，变身为智能吊车、智能焊接机或智能栓接机；在混凝土施工中，变身为智能搅拌站、智能浇筑机、智能振捣机或智能养护机；在桥梁施工中，变身为智能架桥机等。可变体的施工车辆是“变形金刚”在建筑施工机械中的实现，通过一机多用、灵活变形，实现了集约使用动力设备、节约空间资源、节约配套维护设施，并能够保证施工过程高度协调、施工质量持续稳定。

图景 8：可变体的施工车辆

图 4-3　无人汽车参与制造业

4.1.5 聪明车在农业

未来智能化农场将实现全程自动化流水线作业，是名副其实的智能化植物工厂。通过智能化控制、工厂化生产、无土化栽培和立体化种植等方式，实现农产品的高效率和高质量生产。为了从播种、育苗、收割、储藏、包装和运输等环节全部实现自动化，必须依赖于各种不同功能的智能网联作业车辆和机械，如智能播种机、自动移苗机和自动给养系统，以及悬挂式可升降空中滴灌智能设备、智能收割机、智能采摘车、智能浇水设备以及无人机等。其中，智能采摘车必须能够轻柔地处理农产品，以避免擦伤和损坏，在一辆采摘车工作平台上设置数十个机器人及机械手协同工作，以提高工作效率；智能播种和除草车则可以针对特定的作物环境，在微观尺度下精确定位，通过精准的位置控制实现土地空间资源的高效利用和化肥农药的精准施用和节约总使用量。智能农业作业车辆结合无人机远程监控和指引，大幅度节约了农业资源，经济高效地进行农业生产。如图 4-4 所示。

图景 9：无人值守的农场和智能种植与采摘车辆

图 4-4 无人汽车参与自动化农业

古有夸父逐日，今有飞驰大棚。在现代农业种植中，虽然在温室中已经采用了以人工照明模拟自然光线以促进农作物生长，尤其是光中的红色光谱刺激植物细胞和组织的生长，但自然阳光中的全系光谱、紫外线和各种辐射粒子仍是人工无法完全精确复制的。装载于智能自动驾驶运行车辆上的多层自动开闭大棚 / 温室系统则能够借助四通八达的公路网络实现“追逐太阳”，拉长自然光照时间，使农产品的生长达成某种特殊的效果。

图景 10：追逐太阳的塑料大棚

4.2

“智慧路”发展愿景

Vision of Smart Road

4.2 “智慧路”发展愿景

4.2.1 自动开合的路面

可活动路面最早应用于桥下有通航要求但接线道路标高较低的活动桥，又称“开启桥”，包括立转桥、升降桥、开启桥和设有活动通航孔的浮桥等，例如美国密歇根和安大略之间的苏圣玛丽铁路桥、美国芝加哥圣查尔斯铁路桥、美国芝加哥的南霍尔斯特德街桥、中国天津市的解放桥和中国天津市塘沽海门升降桥等。随着智能网联汽车和车路协同技术及市场需求的发展，该技术可广泛拓展应用于城市道路，尤其是在道路与其他制式交叉、多栖车辆在不同模式间的切换、人行过街安全防护设施等。例如，路面可按感应信息自动打开，轨道/道路双栖车辆或乘客从道路上的开口进入轨道车辆，然后路面自动闭合，其他车辆则可在已闭合的道路上继续行驶。又如，当有行人过来，道路挡板自动竖起来，把车拦住，让行人安全通过，在行人安全通过后，道路挡板放下，道路平整如初，车辆继续行驶。再如，当地面有轨电车接近与道路交叉处，道路信号灯亮起、安全护栏开启，轨道则和与之连接在一起的整体道床共同通过立转、平转或升降方式移动至与道路平交，待有轨电车通过后，轨道自动升起、安全护栏自动撤除，道路恢复如初，道路上的车辆恢复正常运行。

4.2.2　自动充电的路面

电动汽车节能环保能效高，是未来实现碳达峰和碳中和的有效工具之一，然而电动汽车充电时的等待时间过长给驾乘者带来了不便。自动充电路面的出现则有效解决了这一问题，车在路上跑、电在路上充，节约了电动汽车使用者的宝贵时间，同时其在行驶途中充电也可实现无限续航，在不出现设备故障的前提下，结合自动驾驶，理论上可以实现无限里程长度的行驶。接触式充电路面的高压电部分被埋在道路深处，地面上只露出连接部，当特定的汽车开到这条公路上，汽车上的触臂就会自动检测轨道然后进行充电。由于露出部分很小且有感应开合设施，完全不存在触电危险或漏电损耗，即便是被雨水给淹没也不会有安全问题。非接触式充电路面则采用无线充电方式，其路面除了承载汽车交通荷载，本身也同时是太阳能接收板，全天候接收太阳能并转化为电能；其路基除了承担结构荷载，同时又是储能装置，内含可更换的储能电池或超级电容。该无线充电路面更进一步提高了安全性、便捷性，减少电能损耗和物理部件磨损，是未来可充电路面的发展方向。

4.2.3 可自动调整坡度的路面

可自动调整坡度的路面属于动态可活动柔性路面的其中一种，但是该路面并不能平移、旋转或整体升降，而仅通过不同部位的竖向高程微调来制造不同的道路纵坡和横坡，以灵活满足不同工况下的需求。可自动调整坡度的路面主要有三种，一种是道路“节能坡”：当车辆驶离交叉口，需要加速时，道路纵坡变化为下坡，协助车辆加速以节约燃料或电力；当车辆驶近交叉口，道路纵坡变为上坡，以减少刹车片的磨损；当车辆需要匀速行驶，则道路变为平坡或缓下坡；当交通较为拥挤，所有车辆均以缓慢速度行驶时，道路路面变为平坡。另一种是“排水坡”：当暴雨来临，需要迅速排除路面积水、减少水膜打滑、确保行车安全时，路面加大纵坡和横坡，以利于迅速排除地表水；当雨过天晴、风停雨住时，为提升舒适性和安全性，路面变化为平坡。还有一种是在弯道处的“向心力坡”：由于不同车辆的行驶速度不一、轮胎摩擦力不一、乘客舒适度要求不一，每辆车在弯道处所需要的横坡向心力大小不同。智能道路可动态获取前方来车的各种属性，选择主动调整为最适宜的横坡，以实现安全、舒适、高效的行车服务目标。

4.2.4　能够自动修复的路面

城市道路网络由于车辆荷载反复作用以及车辆轮胎磨耗、自然侵蚀风化及热胀冷缩等会造成不同程度的破坏，需要每年进行大量的维修和养护工作。道路的大中修及改建消耗大量的人力物力，并会中断现有交通网络，对出行造成困难。能够自动修复的路面则不需要人工干预，能够自主智能地进行及时修复，维持道路使用功能，避免破损进一步加剧，从而彻底解决了道路大中修及保养问题。自动修复路面结构内部设置有可开闭毛细管路、可活动内骨架以及密布电子感知末梢的材料设备，并在路基内埋藏有储存路面修补胶体的储存罐及补充管线，当路面发生破损时，传感器网络末梢精准探测到破损位置和破损规模，对破损程度和修复方式进行自动评估，通过毛细管路压浆修复老化、裂缝、骨料剥落等细部破损，并通过内骨架的移动变位以修复由冲撞或事故等造成的结构性破损，也包括修复车辙、拥包、错台等结构性损坏。

4.2.5 全透明路桥

城市高架桥梁对阳光和视线的遮蔽显著影响了城市景观，城市道路路面也常导致地下空间出入口（尤其是地铁车站及下沉广场出入口等）的采光和景观较差。采用未来特殊材料构建的全透明路桥则解决了此类问题。利用“太空玻璃”——聚碳酸酯等高强度、高透明度、光学性能良好的高分子材料，并在其中均匀嵌入控制纤维网络，实现材料各向异性及透光性的实时可控、可调节功能，根据需要阳光日照和通透视觉的时间和空间的不同，可自动变换为全透明路桥，除交通标志标线及显示路面空间平面位置的网格，该路桥的其他部位均为透明，为桥下活动空间以及道路以下的地下活动空间提供充足的自然照明和美丽的城市视觉景观。在夏日酷暑期间，该路面则自动调整透明度，起到遮荫避暑的效果。

4.2.6　自动传送带路面

将智能自动可变位组合传送带技术引入城市道路网络中，并在各“传送带”接缝处实现连续柔性不间断过渡，使各车辆均行驶在可移动的“传送带路面”表面。该路面一方面加快了车辆的绝对移动速度、减少出行时间；另一方面也使交通流具有更高的协调一致性，可降低车辆之间的相对速度差，减少追尾碰撞等交通事故。即便在处理事故、人员全部下车的情况下，也在同步向前安全平移，将事故车辆及相关人员运离路网，不耽误后续车辆行驶。在人行步道上，这一传送带路面也很受步行者欢迎，大大提高了步行速度和可达距离、减少步行中的体力消耗。

4.2.7 智慧高速公路

随着越来越多的智能汽车开始走上城市道路，很多道路工程师都在思考如何使它们行驶的道路变得更加智能化。这就需要构建智慧高速公路，可以通过交通监控摄像机等高精度传感器，收集周围路况信息并实时调整交通信号，以便进一步缓解拥堵。黑龙江省哈尔滨市至大庆市高速智慧云收费项目正式启动，标志着哈大高速成为全国首条全线支持智慧云收费运营的高速公路，在全国范围内率先开启全场景、全覆盖智慧云收费新模式。

4.3

“车路协同”发展愿景

The Development Vision of Vehicle-road Coordination

4.3 “车路协同”发展愿景

4.3.1 舒适的出行体验

长远来看，实现“全天候、全覆盖”的突发事件智能识别是未来发展趋势之一，但考虑当前智能检测技术的成熟度和经济效益，分阶段推进突发事件智能检测系统的发展是最为可行的选择。现阶段建设的总体方向可概括为：一是合理利用现有技术来提高事件识别的效率与精度，与车道级交通流检测及伴随式消息发布建设联动；二是为未来技术发展及应用预留空间。

我们可以试想一下，如果将车辆自身的传感器和路侧设备相结合的话，车辆自身传感器观察周围车辆，路侧设备可以传递远处的信息，那么车辆就能够对当前路上的所有前方位置可能发生的风险进行预测，避免被卷入事故的风险之中了。在未来我们可以享受到这些技术，我们的出行将变得更安全，前方道路更畅通无阻！

4.3.2 全新交通环境

自主驾驶汽车是重构未来出行模式的核心。自动驾驶在出行服务的应用将呈现场景化特点，以自动驾驶为核心的出行物流服务，从载人出行服务和载货出行服务两种应用场景出发，实现渐进式落地。其中，载人出行服务中有自动泊车、机场无人接驳、高速自动驾驶、全场景自动等服务；载货出行服务有区域派送、港口卡车、支干线无人物流等服务。

未来的交通管控服务主要功能将集中于车辆利用率优化、道路交叉口预警、信号灯配时、V2V 与巡航控制以及流量预测和引导等方面。

4.3.3　让出行更放松

未来的汽车已经不单是一种交通出行工具，更像是新一代的科技产物。无人驾驶汽车充分体现了科技的魅力，脱离了驾驶员的操控，汽车可以百分百地完成人们下达的指令，这充分体现了交通与科技融合的智慧。当前随着大数据、云计算、物联网的发展，无人驾驶汽车会不断发展和完善，将感知、决策和控制达到更高水平，从而给乘客带来安全、舒适、放心的搭乘体验。

在未来交通发展中，车路协同技术的发展将延伸到生活的方方面面。“无人”车可以代替人出去购物，并能按照相应路线返回，人在家里就能享受购物的体验，这是多么奇妙的事情。道路周边设施可以根据人流量自动改变信号周期，保证行人安全通过；车辆之间可以相互提供交通状况信息和交通需求信息等，通过这种方式可以很大程度发挥道路的通行能力，充分提高交通运行效率。

当车辆、行人和基础设施之间自动完成信息传递，能很大程度减少了交警的工作量，并极大提高道路通行能力。未来交通的便利程度将远超我们想象，人们在无人驾驶汽车里就可以处理自己的事务，丝毫不担心时间问题；在日常出行中，交通路线可以根据当天的交通状况按照不同意愿选择最优的线路；在交通换乘中，可以根据实时数据来安排公共交通车辆，极大地缩短了人们的日常出行用时。

4.4

“车路协同”在未来世界中的作用

The role of Vehicle-road Collaboration in the future World

4.4 “车路协同”在未来世界中的作用

4.4.1 万物互联、无处不联

深度融通的万物互联（Internet of Things，IOE）是未来智慧星球的一个重要特征（图 4-5）。任何设施与装置之间、人与人之间、人与其相关物件之间可以瞬间建立联系，其应用包括所有生产环节、流通环节和消费环节，并融入居民日常工作、生活中的各类事项中。人与人之间的距离无限缩短，每件商品都能连接相融，海量信息几乎无成本地在全球流淌，人与人、人与物、物与物之间无限自由连接，所有的一切触手可及。

在此情景下，智能网联汽车作为一个可移动的人类活动空间载体，将成为这种深度融通、万物互联的重要场所之一，实现广义上的 V2X 互联。智能网联汽车不仅能与驾驶者交互、与智慧道路设施交互、与邻近车辆交互，还能与行程活动参与者相关的各类随身物件、办公设施、家用设施互联，并对外连接整个万物互联网络，成为星球大脑的一个有机分子。

图 4-5　连接万物

4.4.2 人机融合、灵智合一

高效的未来世界将“物尽其用”推向极致——充分挖掘人脑的特长和计算机特长，使两者能在微观层面上紧密地结合在一起。随着计算机与人类的关系越来越密切，“人机结合”已经离我们越来越近。通过人体与精密智能设备的结合，未来世界中人类能够爆发式地提高自身能力，并通过群组无缝协同给团队能力带来质的飞跃。

未来智能网联汽车与其驾驶者（或出行参与者）的交互方式将从机械控制、触屏交互、语音交互和动作感应等方式拓展至更加紧密的人机交互方式，例如脑电波头套或脑机接口等。另外，随着人工智能的发展以及人体科学的发展，谁又能说一辆完全复刻有人类大脑思维的智能网联汽车是不可能的呢？当人机结合在人与智能网联汽车之间以某种形态出现，我们应该定义它为拓展人体功能的外骨骼还是植入了有机生命机体的智能汽车呢？

4.4.3 自主智能、自动进化

未来机器自主智能将摆脱人类的框架式控制，具有一种自主的智能思维能力。随着光机电一体化、生物工程和生化机器人的发展以及系统科学的综合进步，将使计算机自主的逻辑思维有足够的行为表现，进而真正脱离人类的完全控制，发展为相互平等或同一的关系，自主智能生化机器人将是人类与机器人的一种未来形态。

目前智能网联汽车已实现自动获取软件操作系统的最新版本信息、自主更新软件操作系统的基本功能。随着智能网联汽车自主化智能水平的发展，将逐步实现实体部件全自动升级、整车全自动升级，并最终发展至群体自动进化。

4.4.4 千形万态、各展所能

汽车的定义正在被大幅改写，未来它将是根据不同用户需求，提供各类私有或共享服务的可移动载具。它可以根据服务商需求提供定制内饰，在移动过程中提供服务，从而化身为移动办公室、诊所、便利店、鞋店等千变万化的各种形态（图 4-6）。汽车的使命将不仅局限于提供更好的驾 / 乘体验，而是基于特定活动空间提供并创造全新价值，并不断拓展由此产生的价值辐射。

对于传统的小汽车来说，其外形实际上就是一层外皮包着里面的机械部件，并装载着人和行李。其中行李空间是比较灵活的，人和机械部件构成了汽车造型的主要制约因素。在司乘人员、动力机械系统的形状和体积基本不变的条件下，为满足空气动力学流线型要求和道路设施适应性要求，汽车整体的比例无法做出太大的变化。然而，面对未来小汽车（或更广义地说，基于个体的移动单元）功能需求的多样化以及动力系统或外部环境通道设施的多样化，未来的智能网联汽车概念将拓展为多种功能、千形万态的智能化动力载具，是能够和不同的交通系统首尾相连或分解的载具，也是能够在铁轨、水上、湿地载体上驾驶运作并自由切换的载具，或是为完成某些危险任务或不适于人类进入区域的特殊无人载具等。

图 4-6　形态万千的未来汽车

4.5 奔向未来

智能网联汽车是集成了人工智能技术、网络技术、无线通信技术、车辆制造技术、动力工程技术、材料科学、人体科学和能源科学等高新科学为一体的工程技术结晶，其未来的发展有赖依赖于全世界范围内所有相关科学领域的创新和开拓。感谢所有为此付出辛勤努力的科学研究人员和工程技术人员，他们的发明创造给我们的社会、生活带来了便捷和精彩，为我们开启了奔向未来的梦想。也感谢你，亲爱的读者，让我们一起携起手来努力和期待，共同拥抱一个美好的未来。

参考文献

[1] 徐可，徐楠 . 全球视角下的智能网联汽车发展路径 [J]. 中国工业评论，2015，(9)：76-81.

[2] 张亚萍，刘华，李碧钰，等 . 智能网联汽车技术与标准发展研究 [J]. 上海汽车，2015，(8)：55-59.

[3] 谢伯元，李克强，王建强，等 ."三网融合"的车联网概念及其在汽车工业中的应用 [J]. 汽车安全与节能学报，2013，4(4)：348-355.

[4] 余玲飞，宋超，王晓敏，等 . 车载传感器网络的研究进展 [J]. 计算机科学，2011，38(10A)：319-321.

[5] 王九九，邹菲菲 .Wi-Fi 系统架构与商业模式研究 [J]. 互联网天地，2015，(11)：50-56.

[6] 张玉元 . 浅谈超宽带无线通信技术及发展 [J]. 通信设计及应用，2015，(6)：1.

[7] 胡京津 . 汽车 CAN 网络系统动态调度机制的研究与实现 [D]. 合肥：合肥工业大学，2014：24-69.

[8] 曾光 . 基于 LIN 总线的汽车雨刷检测平台的设计与实现 [D]. 哈尔滨：哈尔滨工业大学，2011：68-92.

[9] 孙雨 .FlexRay 网络通信协议在车载系统中的应用与研究 [D]. 长沙：中南大学，2014：88-102.

[10] 李志鹏 . 车载 MOST 网络构建及开发技术研究 [D]. 哈尔滨：哈尔滨工业大学，2013：121-132.

[11] 杜晓鹏 . 车辆自组织网络连通性分析与路由协议优化研究 [D]. 西安：西安电子科技大学，2012：15-42.

[12] 张瑞瑞 . 以太网技术在机车中的应用研究 [D]. 北京：北京交通大学，2007：22-56.

[13] 谢勇 . 新一代汽车电子系统的网络体系结构若干关键技术研究 [D]. 长沙：湖南大学，2013：35-56.

[14] 吴吉义，李文娟，黄剑平，等 . 移动互联网研究综述 [J]. 中国科学：信息科学，2015，45(1)：45-69.

[15] 黄文静 . 自组织车联网路由协议 GPSR 的研究及改进 [D]. 重庆：重庆交通大学，2015：121-135.

[16] 程果 . 基于无线自组织网络的车辆间通信关键技术的研究 [D]. 南京：南京邮电大学，2012：122-135.

[17] 丁雍 . 基于信息融合非结构化道路检测技术研究 [D]. 绵阳：西南科技大学，2012：36-68.

[18] 王敏杰 . 基于视觉的道路检测技术研究 [D]. 北京：北京交通大学，2012：38-62.

[19] 方旭 . 复杂场景下的行人检测方法研究 [D]. 苏州：苏州大学，2014：39-62.

[20] 向应 . 基于视频的行人检测与跟踪技术研究 [D]. 成都：西南交通大学，2014：33-69.

[21] 谭飞刚 . 基于特征融合的行人检测技术 [D]. 长沙：长沙理工大学，2013：45-67.

[22] 王刚毅 . 交通标志检测与分类算法研究 [D]. 哈尔滨：哈尔滨工业大学，2013：88-92.

[23] 曾玉龙 . 交通信号灯的识别 [D]. 长沙：中南大学，2014：33-62.

[24] 祝匡熙 . 智能车辆的交通信号灯识别 [D]. 上海：上海交通大学，2012：33-64.

[25] 陆晔 . 智能交通系统中车辆识别技术的研究与应用 [D]. 西安：西安科技大学，2010：22-52.

[26] 徐英凯 . 蜂窝无线定位方法研究 [D]. 兰州：兰州理工大学，2013：22-56.

[27] 付梦印，邓志红，刘彤，等 . 智能车辆导航技术 [M]. 北京：科学出版社，2009.

[28] 黄耀 . 基于栅格法的汽车路径规划 [D]. 武汉：华中科技大学，2008：34-56.

[29] 郭烈，葛平淑，张明恒，等 . 汽车安全辅助驾驶技术 [M]. 北京：北京大学出版社，2014.

[30] 刘洪玮 . 汽车自适应巡航控制系统的研究 [D]. 上海：东华大学，2010：34-56.

[31] 崔胜民 . 智能网联汽车概论 [M]. 北京：人民邮电出版社，2010.

[32] 张存保，冉斌，梅朝辉 . 车路协同下道路交叉口信号控制优化方法 [J]. 交通运输系统工程与信息，2013，13(3)：40-45.

[33] 马军，滑维鑫 . 分布式云平台架构及管理技术 [J]. 数字通信世界，2018，000(002)：183-186.

内 容 简 介

随着全球汽车保有量的快速增长，能源短缺、环境污染、交通拥堵和事故频发等问题日益突出，成为汽车产业可持续健康发展的限制因素。智能网联汽车被公认为是这些问题的有效解决方案，代表着汽车行业未来的发展方向。本书系统阐述了“聪明车”和“智慧路”的相关知识，包括“起源”“成长”“技术”和“愿景”四个篇章，对智能网联汽车的基础知识、最新技术和未来发展方向介绍，是一本轻松活泼、图文并茂、阅读性强的科普书籍。

本书适合广大科普爱好者阅读，也可供相关领域的技术人员参考。

图书在版编目（CIP）数据

聪明车　智慧路：未来交通畅想 / 蒋应红，方雪丽编著 . -- 上海：同济大学出版社，2023.7

ISBN 978-7-5765-0663-1

Ⅰ . ①聪… Ⅱ . ①蒋… ②方… Ⅲ . ①交通—高技术—研究 Ⅳ . ① U

中国国家版本馆 CIP 数据核字（2023）第 013835 号

上海市交通工程学会现代交通科普丛书

聪明车　智慧路——未来交通畅想

蒋应红　方雪丽　编著

责任编辑　姚烨铭　　责任校对　徐春莲　　封面设计　张　微　　排版制作　周　详

出版发行　同济大学出版社　www.tongjipress.com.cn

（地址：上海市四平路 1239 号　邮编：200092　电话：021-65985622）

经　　销　全国各地新华书店

印　　刷　上海丽佳制版印刷有限公司

开　　本　787mm × 1092mm　1/16

印　　张　9.5

字　　数　237 000

版　　次　2023 年 7 月第 1 版

印　　次　2023 年 7 月第 1 次印刷

书　　号　ISBN 978-7-5765-0663-1

定　　价　58.00 元